研究生卓越人才教育培养系列教材

研究生学业发展
与心理调适

主　编　李　佳　张文静

副主编　李　伟　杜　勇　王海红　冯　娟

编　委　（按姓氏拼音排序）

陈　琦　段俊杰　郭鹤阳　郭亚宁

梁竞文　罗　维　申乔乔　田珍珍

王睿蕾　张　婧　张文娟　周　兰

朱　蕾

西北大学出版社

·西安·

图书在版编目（CIP）数据

研究生学业发展与心理调适 / 李佳，张文静主编.
西安 ： 西北大学出版社，2025.4. -- ISBN 978-7-5604-
5648-5

Ⅰ. G645.5；G444

中国国家版本馆 CIP 数据核字第 2025GK9150 号

研究生学业发展与心理调适
YANJIUSHENG XUEYE FAZHAN YU XINLI TIAOSHI

李佳　张文静　主编

出版发行　西北大学出版社
（西北大学校内　邮编：710069　电话：029-88302621　88303593）
http://nwupress.nwu.edu.cn　E-mail：xdpress@nwu.edu.cn

经　销	全国新华书店	
印　刷	西安博睿印刷有限公司	
开　本	787 毫米×1092 毫米　1/16	
印　张	11.75	

版　次	2025 年 4 月第 1 版	
印　次	2025 年 4 月第 1 次印刷	
字　数	221 千字	

书　号	ISBN 978-7-5604-5648-5	
定　价	68.00 元	

如有印装质量问题，请拨打电话 029-88302966 予以调换。

序

　　当我收到李佳与张文静老师作为主编撰写的《研究生学业发展与心理调适》书稿时，我争取时间浏览了全书内容，通过全书浏览，我也即刻就"心理健康观念的普及——国家层面对心理健康的重视——心理健康工作在研究生群体的细化"等主题内容产生联想，并由此浮现出此著作隐含的逻辑体系。

　　首先，把心理健康的目标人群聚焦在研究生群体，在时间脉络上扩展到 1949 年。关于心理健康的重要性，大家都有了切身感受，这无论是从党的二十大报告提出"重视心理健康和精神卫生"论断，还是教育部把心理健康列为高校思想政治工作的重要内容，并联合多部门印发《全面加强和改进新时代学生心理健康工作专项行动计划（2023—2025年）》等都可以看出，在新时代如何务实推进心理健康工作的重要性。李佳老师及其团队选取研究生心理健康工作为关注视角，实际上是把党和国家的要求以及教育部的规划等在心理健康实践领域的拓展，而且有关研究生群体教育自 1949 年以来发展阶段的划分是一个好的尝试，为后期开展研究生群体心理健康研究提供了历史逻辑的视角。做好研究生心理健康工作，在一定程度上而言，对未来国家高层次人才队伍的建设，甚至对国家的科技创新、经济发展和社会进步也具有深远影响。

　　其次，因地制宜，打造出有特色的研究生心理健康教育的教材。西北大学高度重视学生心理健康教育工作，积极探索心理育人模式，坚持全面发展和健康第一原则，紧紧围绕"三全育人"标准，多措并举促进心理育人工作全员化、关注学生发展全过程、浸润学生成长全方位，切实培育学生"自尊自信、理性平和、积极向上"的健康心态，着力打造"平安校园、阳光西大"的校园环境，精心构筑心理健康育人体系，全面提升学生心理健康教育工作水平。结合学校特点撰写特色教材是时代所需、学生所需，李佳老师及其团队一直践行着这一理念，从《大学心理委员》到《研究生学业发展与心理调适》都是最好的证明。

　　最后，直击问题，编写适合研究生心理健康教育的实用工具。教育改革和社会发展既给研究生带来机遇，也让研究生面临挑战，并给他们带来了巨大的心灵冲击，研究生面临的学习、生活和就业压力明显增大。长期以来，高校对研究生心理健康教育及其与大学生心理健康教育的衔接问题未得到充分重视。目前，市场上关于研究生心理健康的教材、读物十分缺乏，研究生心理健康教育工作相对滞后。李佳、张文静主编的《研究生学业发展与心理调适》这本教材的出版将为研究生心理健康教育提供实用性工具。另外，这部教材还具有理论科学性、主题全面性以及案例可读性三大特征。

（一）科学性。教材包括前沿的学术观点，将重要的理论知识穿插在研究生面对的实际问题，使教材既有很好的理论支撑，又为研究生成长发展提供指导，为实施研究生心理健康教育，落实立德树人根本任务提供参考和依据。

（二）全面性。教材对研究生学习和生活全过程进行了系统的介绍和操作性强的行动建议，既直接引导研究生进行心理自助和他助，又对高校、导师、辅导员等研究生教育参与者提出了针对性与实践性兼具的教育策略。

（三）可读性。教材案例与研究生学习生活密切相关，深入浅出，生动鲜活。有助于研究生把关注心理健康融入自己的成长实践，内化为个体的内在素质、行为习惯，帮助个体矫正不适应的行为，提高心理健康教育的效果。

心理健康是人生快乐、幸福、成功的前提和基础。希望这本书能助力研究生在学术的海洋中乘风破浪，驶向成功的彼岸。

詹启生

天津大学心理研究所创始人、所长
中国心理学会心理危机干预工作委员会副主任
全国高校心理委员研究协作组首任组长与常务理事

前　言

本书对研究生阶段的学习和生活全过程进行了梳理，包括研究生入学前准备阶段、入学适应阶段、研究开展阶段及毕业阶段，对研究生求学过程中的常见问题进行指导，帮助学生提前做好准备和规划，顺利完成研究生教育。同时，倡导建立良好的生活方式，通过运动、正念、园艺、艺术等方法促进个体身心健康，实现潜能释放。

本书特点：第一，全程规划。对研究生学习和生活全过程做出完整、详细的描述和指导。第二，聚焦于研究生的心理健康，从积极心理学视角进行指导与分析，预防心理问题。第三，案例研究。该书通过实例为读者提供了丰富的案例，剖析研究生心理问题的形成原因、发展变化及应对策略。

本书的编者都是高校从事心理健康教育、研究生教育工作多年的教师。各章编写情况如下：第一章：李佳、段俊杰、梁竞文；第二章：张文静、冯娟、王海红、张婧、罗维、郭鹤阳、张文娟、郭亚宁、陈琦、王睿蕾、申乔乔；第三章：李佳、周兰、朱蕾、田珍珍。全书由李佳、张文静负责组稿、统稿、审阅、校对、定稿，王睿蕾、申乔乔参与了校稿工作，梁竞文参与了文献收集工作。

本书在编写过程中借鉴和参考了诸多专家、学者的有关研究成果，在此难以一一列出，特向相关作者深表真诚的感谢！在编写过程中，得到天津大学詹启生教授、陕西师范大学王勇慧教授、西安电子科技大学武成莉教授、西北大学高等教育研究中心姚聪莉教授、西北大学公共管理学院王淑珍教授、长安大学电子与控制工程学院杜凯副教授的悉心指导，在此深表谢忱！本书入选西北大学"研究生卓越人才教育培养系列教材"，在出版过程中，得到西北大学学生工作部（处）、西北大学研究生院（研究生工作部）、西北大学出版社的大力支持，谨向以上各单位致以最诚挚的谢意！由于编者水平有限，教材中的不足之处在所难免，敬请广大师生批评指正。

编者

2024 年 7 月

目　录

第一章　研究生心理健康

　　健康中国、平安中国、幸福中国的关键在"心"。心理健康是健康的重要组成部分，它不仅关系广大群众的幸福安康，而且关系社会的安定和谐，更关系国家发展和民族未来。伴随着中国特色社会主义进入新时代，我国社会主要矛盾已经转化为人民日益增长的美好生活需要和不平衡不充分的发展之间的矛盾，人民美好生活需要日益广泛，不仅对物质文化生活提出了更高的要求，在其他方面的要求也日益增长，其中对心理健康、幸福感的需要愈加迫切。

　　研究生是国家高层次人才队伍的重要组成部分和重要储备力量，在求学期间能否接受良好的课程教学、学业指导、人格塑造和思想引领，直接关乎研究生的创新创造和成长成才水平。在个体发展方面，研究生处于从成年初期向成年中期的关键转折阶段。根据埃里克森的心理发展观，个体需有序完成"亲密"与"繁殖"的发展任务，而多数学生因选择延迟婚姻和生育以成就学业，普遍感到孤独和停滞。于外部环境而言，学位授予的严格标准、就业形势的变化和社会的高期待等因素，共同加剧了这一群体的心理压力。*Nature*（《自然》）杂志调查研究显示，全球 15％～25％的研究生对其学业经历感到不满，41％和 39％的研究生面临抑郁和焦虑。我国研究生群体的心理健康状况更为严峻。随着社会转型和教育改革的推进，在学业压力、就业竞争、婚恋问题、家庭及社会关系等诸多因素的共同作用下，研究生的心理健康问题日益凸显，研究生情绪问题频频出现，自杀现象时有发生。截至 2023 年，我国在读的硕士生和博士生总人数已达到 365.36 万人。面对如此庞大的人群基数，对其心理健康问题的全面了解和深入剖析已迫在眉睫。

第一节　我国研究生教育的发展历程

【典型案例】

薛其坤，1963 年出生于山东的一个山村，当科学家的种子早早在他心里种下。梦想的起步很顺利，薛其坤以高考物理近乎满分的成绩被山东大学光学系激光专业录取。大二那一年，一张贴在学校布告栏里的研究生招生宣传资料点燃了他的梦想，他期待成为一名研究生，与科学研究为伴。但考研的挫折让他"始料未及"。第一次考研，高等数学 39 分。薛其坤不甘心，再考，再失败，再考……到 1987 年，他总算通过了考试，进入中国科学院物理研究所学习。

考研 3 次、读博 7 年，所耗费的时间很长，其间心理起伏很大，但他依旧选择了坚持到底。从一名普通的农家子弟成长为中国科学院院士、清华大学副校长，物理学家薛其坤直言自己"赶上了好时候"。

30 多年斗转星移，如今，薛其坤早已成为蜚声国际的物理学家。他不断攻克世界级物理难题、在科研的征途上越攀越高。2016 年，薛其坤获得首届未来科学大奖，2018 年获得国家自然科学奖一等奖，2020 年获得菲列兹·伦敦奖，2024 年获得巴克利奖以及国家最高科学技术奖。

一、研究生教育

研究生教育在培养创新人才、提高创新能力、服务经济社会发展、推进国家治理体系和治理能力现代化方面具有重要作用。2020 年，教育部、国家发展改革委和财政部联合发布的《关于加快新时代研究生教育改革发展的意见》明确提出，"到 2035 年，初步建成具有中国特色的研究生教育强国"。党的二十大报告提出，"加快建设教育强国、科技强国、人才强国"。习近平总书记在中共中央政治局第五次集体学习时强调："建设教育强国，龙头是高等教育。要把加快建设中国特色、世界一流的大学和优势学科作为重中之重，大力加强基础学科、新兴学科、交叉学科建设，瞄准世界科技前沿和国家重大战略需求推进科研创新，不断提升原始创新能力和人才培养质量。"

研究生教育是本科教育后高层次人才培养的最高学历教育，其主要特点是寓教于研、知识生产。它包含三个方面的含义：第一，研究生教育的人才培养具有高层次性；第二，研究生教育在学习传承人类知识文明的基础上要进行知识生产；第三，研究是其核心。研究生在参加课题研究、进行专题调查等研究活动中学习，使其在本学科、专业领域具备一定的研究能力和创新能力。

二、我国研究生教育发展阶段

研究生教育是应对全球人才竞争的基础布局，是实施创新驱动发展战略和建设创新型国家的重要基石。从中华人民共和国成立伊始的百废待兴，到成为研究生规模位居世界前列的教育大国，我国的研究生教育不断在探索中创新，在曲折中成长。自 1949 年以来，我国研究生教育经历了从无到有、从小到大、从有到优、从优到精的发展历程，走过了探索与发展的 75 年。从 1978 年到 2019 年的 41 年间，我国研究生毕业人数持续增长。2003 年，我国研究生毕业人数首次超过 10 万；2013 年，研究生毕业人数超过 50 万；2022 年，我国在学研究生已达 365 万人，总规模位居世界第二，已经成为研究生教育大国。中华人民共和国成立以来我国研究生教育发展经历了五个时期：初始探索期（1949—1977）、恢复发展期（1978—1988）、稳步发展期（1989—1998）、快速发展期（1999—2009）、内涵发展期（2010 年至今）。

（一）初始探索期（1949—1977）

1949 年至 1977 年间，全国硕士研究生招生人数最初不足 500 人。1953 年招生人数达到近 3000 人，1957 年招收研究生方式由入学考试改为推荐。1965 年招生人数为 1456 人。1966 年开始，全国停止招收研究生，直至 1978 年恢复。

（二）恢复发展期（1978—1988）

全国硕士研究生招生人数在 1978 年至 1980 年间小幅减少后，在 1980 年至 1985 年间逐年增加，随后在 1986 年至 1988 年三年期间招生人数逐年下降。1978 年，教育部印发《关于高等学校 1978 年研究生招生工作安排意见》，决定将 1977 年、1978 年两年研究生的招生工作合并进行。在经历过 1978 至 1979 两年时间的恢复工作后，研究生招生人数自 1981 年起，连续四年逐年增加。截至 1988 年，硕士研究生招生人数由 1978 年的 1 万余人增加至 3 万余人。

1980 年 2 月，《中华人民共和国学位条例》颁布，1981 年教育部下达《关于做好 1981 年攻读博士学位研究生招生工作的通知》，决定"开始招收博士生"。1982 年招收博士研究生 302 名。1984 年后博士研究生招生人数逐年上升，1988 年招生人数达到 3262 人。

（三）稳步发展期（1989—1998）

20 世纪 90 年代初，党的十四大提出"把教育放在优先发展的战略地位"。这一时期招生单位的招生自主权有所扩大，专业学位研究生招生开始起步。1990 年，工商管理硕士专业学位成为我国第一个开展试点的专业学位。据统计，1989 年至 1998 年，全国硕士研究生招生人数由 1989 年的不足 2.5 万人增加至 1998 年的 5.7 万余人，博士研究生招生人数由 1989 年的 2776 人增加至 1998 年的 1.5 万人。

（四）快速发展期（1999—2009）

1999 年，我国高等教育由精英阶段向大众化阶段演进，本科招生的扩张促进了研究生教育的发展。自 1999 年开始，硕士研究生招生人数逐年增加，全国硕士研究生招生人数在 2009 年达到 45 万人。博士研究生招生人数的增长在这一阶段趋缓，2004 年，博士招生人数突破 5 万人。在此阶段，我国应用型研究生培养在实践中探索，从模糊走向明确：一是培养目标得以明确，专业学位是应用型人才培养的学位类型，旨在"培养应用型高层次专门人才"；二是发展路径得以清晰，"发挥专业学位教育指导委员会的作用，建立和完善专业学位教育评估制度，加强国际交流与合作"；三是管理制度得以完善，包括相应的组织机构、文件规定、管理方式等。

（五）内涵发展期（2010 年至今）

2010 年以来，全国研究生招生人数由 2010 年的不足 55 万人，到 2019 年增至 91.7 万人。2017 年后由于非全日制纳入统考，招生人数出现明显的涨幅，2018 年招生人数达到 76.2 万余人。博士研究生招生规模也有较为明显的增长，2018 年为 9.6 万人，2019 年超过 10 万人。整体来看，2010 年至今，研究生招生规模增长速度有所减缓，研究生教育由外延式扩张阶段逐步向内涵式发展阶段转变。在此阶段，我国对研究生教育质量空前重视，政策和措施频出，专业学位研究生尤其受到重视。2016 年，"单证"专业学位研究生停办，专业学位招生工作得到统筹推进，非全日制研究生纳入学历教育范畴，专业学位研究生培养执行统一的标准。同年，国家启动专业学位水平评估，其首次评估结果在2018年7月公布。2018年的《学位与研究生教育发展"十三五"规划》指出要全面提高研究生教育质量，以适应新时期经济社会发展对高层次人才的需求，这为未来的研究生发展绘制了蓝图。同年，为了提升工程硕士管理水平和培养质量，我国将工程专业学位类别从40个调整为8个。

2020年，教育部、国家发展改革委、财政部联合印发的《关于加快新时代研究生教育改革发展的意见》指出，优化培养类型结构，大力发展专业学位研究生教育。稳步发展学术学位研究生教育，以国家重大战略、关键领域和社会重大需求为重点，增设一批硕士、博士专业学位类别。新增硕士学位授予单位原则上只开展专业学位研究生教育。同年，国务院学位委员会、教育部联合印发的《专业学位研究生教育发展方案（2020—2025）》指出，到2025年，将硕士专业学位研究生招生规模扩大到硕士研究生招生总规模的三分之二左右，大幅增加博士专业学位研究生招生数量。我国专业学位研究生教育进入新时代。

研究生教育是我国教育事业的重要组成部分，承担着高端人才供给和科学技术创新的重要使命，是新思想、新知识产生的重要源头，是知识经济、数智时代社会发展的主要驱动力，是建设创新型国家的重要力量，是强国建设战略的重要支撑。当前，我国已经建成全球最大规模的教育体系，高等教育发展进入普及化阶段，教育现代化发展水平已经达到了世界中上国家的发展水平。我国研究生教育事业通过不断改革发展，构筑起拔尖创新人才培养的高地，日渐成为驱动科技创新发展的核心引擎，大幅提升了对经济社会发展的支撑和引领能力。

【拓展阅读】

专业学位研究生教育发展方案（2020—2025）

2020年，国务院学位委员会、教育部联合印发的《专业学位研究生教育发展方案（2020—2025）》指出，截至2019年，累计授予硕士专业学位321.8万人、博士专业学位4.8万人，针对行业产业需求设置了47个专业学位类别，共有硕士专业学位授权点5996个、博士专业学位授权点278个，基本覆盖了我国主要行业产业，形成了国家主导、行业指导、社会参与、高校主体的专业学位研究生教育发展格局，积累了中国特色专业学位发展经验。随着中国特色社会主义进入新时代，发展专业学位研究生教育是经济社会进入高质量发展阶段的必然选择，是主动服务创新型国家建设的重要路径，是学位与研究生教育改革发展的战略重点，必须大力发展、加快发展。到 2025 年，以国家重大战略、关键领域和社会重大需求为重点，增设一批硕士、博士专业学位类别，将硕士专业学位研究生招生规模扩大到硕士研究生招生总规模的三分之二左右，大幅增加博士专业学位研究生招生数量，进一步创新专业学位研究生培养模式，产教融合培养机制更加健全，专业学位与职业资格衔接更加紧密，发展机制和环境更加优化，教育质量水平显著提升，建成灵活规范、产教融合、优质高效、符合规律的专业学位研究生教育体系。着力优化硕士专业学位研究生教育结构，完善硕士专业学位类别设置和授予标准、健全更加灵活的硕士专业学位类别管理机制、推动硕士专业学位研究生教育规模稳健增长、加快发展博士专业学位研究生教育、大力提升专业学位研究生教育质量。

三、研究生教育发展特征及基本共识

研究生教育基本目标是育人，确保立德树人，保证人才辈出。"学习者"和"研究者"角色并行是研究生教育的主要形式，学术共同体互动是研究生教育重要组织特征，知识生产多元模式是促进研究生教育发展的助推器，多元开放的教育网络是研究生教育生命力的保障。

（一）研究生教育是"学习者"和"研究者"角色兼顾的教育

课程学习、研究训练以及实践创新是研究生教育的基本要素，贯穿研究生教育的始末，更是研究生教育区别于其他层级教育的核心标识。现今各国研究生教育更倾向"专业式"研究生教育模式，注重教学与科学研究的结合。"学习者"的角色与以往本科教育或中等教育也有明显区别，即研究生阶段的学习注重学生自主性学习，强调以学生为中心、导师辅助学生开展学习，在学习过程中学生逐渐适应并最终达到"学习者"的要求。有学者基于研究生教育满意度的内涵模型分析了研究生从角色认识、角色学习到角色扮演、角色发展、角色满足的认知角色发展过程，在这个过程中存在着研究生缺乏自我认知、无法投入科研学习等风险。研究者的角色需要注重研究生培养过程中科研能力的训练，以培养学生创新能力为内在要求。此外，研究生教育对于学生的思辨能力、创新能力、独立工作能力都提出了更高要求。在培养方式选择过程中出现了相互合作的共生协作式学习形式和自主思考的独立学习形式，而这两种状态对研究生来说缺一不可。

（二）学术共同体互动是研究生教育的重要组织形式

研究生教育最重要的特点是科研、学习和实践的连接，学术共同体对研究生教育质量有重要的影响。学术共同体是一群志同道合的学者，遵循共同的道德规范，在学术研究中彼此尊重、相互影响，共同推进学术规范和学术评价的学者群体（韩启德，2009）。研究生教育的学术共同体最初强调的是师生共同体，这种模式下学生跟随导师学习，基本处于"学术服从"地位。随着研究生教育的发展，美国研究生院制度的建立使得学生之间的交流更加密切，由此产生了师生共同体之外的生生共同体，同学之间的学习交流一定程度上使得学生主动学习的积极性得到提升，同时也有利于学生人际关系能力的培养。研究表明，利益相关者或参与者的学术互动开展的深度和广度是决定研究生教育高质量的重要生态环境，新技术的应用使虚拟的学术共同体得以发展，这种学术共同体的互动范围更加广泛，其中学习主体以及知识资料更加丰富全面，研究生能够交互的信息也极大丰富。学术共同体对不同类型、不同学科、不同年龄的研究生的实践创新能力都起到了较好的促进作用。

（三）知识生产多元模式是促进研究生教育发展的助推器

当今社会正处于全球化与本土化驱动下的知识经济时代，智力资源的竞争已经进入白热化阶段，知识创新与网络集群成为知识生产的显著特征。知识、技术和创新之间形成协同生态系统，需要从跨学科性或超学科性的视角重新审视三者的关系。知识生产模式的转型对研究生培养模式的影响更是全面而深刻。从培养目标看，研究生教育目标由培养纯粹的科学研究者转为培养解决复杂社会问题的社会精英。从培养过程看，研究生培养从单一学科内培养研究生转向跨学科与超学科培养研究生。从培养主体看，研究生培养从大学垄断研究生教育转向大学、企业、政府、科研机构、社区等共同参与其中。从质量标准看，研究生培养从原来的由学术共同体掌控，转向呈现多层次、多维度质量标准。知识生产模式转型已经成为以"高深知识的生产和应用"为核心的研究生培养模式变革的助推器。

（四）多元开放的教育网络是研究生教育生命力的保障

随着互联网、云计算、人工智能等技术的迅猛发展，网络时代下知识生产和传播具有碎片化、即时性特征。虚拟社会逐渐成为知识生产模式的有机组成部分，形成了"大学—产业—政府—公民社会—虚拟社会"新的知识生产模式。其中，慕课、网络学位项目、在线学术交流等新的教育形式逐渐应用到研究生教育的实践过程中，多元开放的研究生教育网络逐渐发展壮大。网络时代的学习空间由传统的物理空间扩展到虚拟与现实的线上、线下环境中，政府、大学（研究所）、公民社会、产业（企业）等多元利益相关者立足于现代社会网络构成了非常庞大的创新知识学习教育系统。新的知识生产模式为研究生教育注入了新的活力，同时各方利益相关者也将在新知识、新领域、新合作中促进研究生教育螺旋式上升。随着社会的发展，多元开放的研究生教育形式将会不断涌现，以培养具有引领性、更加卓越的高层次人才。

第二节　研究生心理健康

　　随着我国社会急速转型发展，生活节奏与社会发展的巨大变化使研究生群体的心理压力日益凸显，研究生心理育人工作面临许多新情况、新问题、新挑战。教育部等多个部门多次在相关文件中强调了心理健康的重要性。2016 年 12 月，习近平总书记在全国高校思想政治工作会议上强调，要坚持不懈促进高校和谐稳定，培育理性平和的健康心态，加强人文关怀和心理疏导。2018 年 7 月 6 日，教育部发布的《高等学校学生心理健康教育指导纲要》指出，心理健康教育是高校人才培养体系的重要组成部分，也是高校思想政治工作的重要内容，要求把立德树人的成效作为检验学校一切工作的根本标准。2021 年 11 月，教育部组织召开全国高校学生心理健康教育工作推进会，要求高校心理健康教育工作要提高政治站位，加强源头治理，"把对学生的人文关怀和心理疏导贯穿于思想政治工作全过程各环节"，以更好地适应和满足学生的心理健康服务需求。党的二十大报告指出，"青年强则国家强"。进一步增强研究生心理健康教育工作的针对性和实效性，更加科学有效地提升研究生群体的心理素质，是健全高校"三全育人"机制、构建幸福和谐校园的迫切需求。

【典型案例】

　　小雨今年大四，已保研。推免录取后，小雨在某公司实习，同时在备考雅思。她觉得自己保研成功，离不开前三年的认真努力和好的运气，担心自己跟不上新学校的节奏，害怕身边都是优秀的"大佬"。她觉得挑战很大，对未来也不抱希望，越想越焦虑以致对研究生生活没有什么向往。

多数研究生的年龄处于 20 岁至 30 岁，横跨了青春后期和成年早期两个生命阶段。根据埃里克森的心理社会发展理论，这两个阶段个体心理发展的任务是获得同一性和建立亲密关系。在此阶段，研究生需面临和应对诸如学业、科研、职业选择、爱情、婚姻乃至养育孩子等接连不断的人生议题。每个现实议题上所遇到的困难都可能影响心理发展危机的解决进程，带来角色混乱和孤独的体验，影响他们的心理健康。

一、心理健康

1946 年，第三届国际心理卫生大会将心理健康定义为：所谓心理健康是指在身体、智能以及情感上与他人的心理健康不相矛盾的范围内，将个人心境发展成最佳的状态。1948 年，世界卫生组织将心理健康定义为：人们在学习、生活和工作中的一种安宁平静的稳定状态。2001 年，世界卫生组织又将心理健康定义为：心理健康是一种健康或幸福状态，在这种情况下，个体得以实现自我，能够应对正常的生活压力，工作富有成效和成果，以及有能力对所在社会做出贡献。一个人在躯体、心理、社会功能等方面都健全，才是真正意义上健康的人。

心理健康：心理的各个方面及活动过程处于一种良好或正常的状态。心理健康的理想状态是保持性格完好、智力正常、认知正确、情感适当、意志合理、态度积极、行为恰当、适应良好的状态。

心理不健康：包括一般心理问题、严重心理问题、神经症性心理问题（可疑神经症）、心理异常。

（一）主观世界与客观世界的统一性原则

心理健康的核心问题之一就是如何使主观世界（内在心理体验）与客观世界（外部现实）达到和谐统一。二者的失衡往往导致心理冲突、认知扭曲或情绪困扰。比如一个人坚信自己听到或看到客观世界并不真实存在的现象，那么这个人的精神可能就出现了异常，最常见的就是幻觉和妄想。

（二）心理活动的内在协调性原则

知、情、意、行协调一致是人类精神活动的整体性表现。一个人的心理过程一致表现在内心体验与环境的一致，如该笑的场合就笑，该哭的场合就哭，结婚办喜事时喜气洋洋，为已故亲人办丧事时痛哭流涕。病态则相反，该哭的时候不哭，该笑的时候不笑，这就是反常、病态，常见于精神分裂症。

（三）人格的相对稳定性原则

江山易改，本性难移，说明了人格的相对稳定性。若一个人没有明显的外界因素而出现性格的反常，如平素开朗外向，突然沉默寡言，孤僻不接触人，这就被认为是破坏了性格的稳定性，是反常的表现，如抑郁症。

美国心理学家马斯洛和米特尔曼提出的心理健康十条标准：

1）有充分的安全感；

2）能充分了解自己，并能恰当估计自己的能力；

3）生活理想切合实际；

4）不脱离周围现实环境；

5）能保持人格的完整与和谐；

6）善于从经验中学习；

7）能保持良好的人际关系；

8）能适度地宣泄情绪和控制情绪；

9）在符合团体要求的前提下，能有限度地发挥个性；

10）在不违反社会规范的前提下，能适当地满足个人的基本需求。

结合研究生群体总体上的生理特点、心理特质和社会角色，将判断当代中国研究生心理健康的标准归纳为以下七条：

1）智力正常且能正常运用，能对学习保持较浓厚的兴趣和求知欲望；

2）有客观的自我认知，悦纳自我；

3）有良好的环境适应能力；

4）能控制和调节情绪，保持良好的心境；

5）能保持和谐的人际关系，乐于交往；

6）能保持完整统一的人格；

7）心理行为符合年龄、身份特征。

特别要说明的是，上述的心理健康标准都只是相对概念，考虑到研究生个体的成长环境、文化背景、生理心理差异等因素，要注意不能随意给学生"贴标签""戴帽子"，即使对照标准发现了确实有需要帮助的学生，也要格外注意方式方法。

二、心理问题及其类型

心理问题是指所有心理及行为异常的情形。心理的"正常"和"异常"之间并没有明确的和绝对的界限。一般认为，人的心理及行为是一个由"正常"逐渐向"异常"、由量变到质变，并且相互依存和转化的连续谱。因此，生活在现实社会中的每一个人都在一定程度上存在心理问题，即人的心理问题是普遍存在的，只是程度不同而已。

（一）一般心理问题

由现实因素激发、持续时间较短、情绪反应能在理智控制之下，不严重破坏社会功能、情绪反应尚未泛化的心理不健康状况。特点：

由于现实生活、工作压力、处事失误等因素而产生内心冲突，有冲突是正常的，并且会因此体验到不良情绪（如厌烦、后悔、懊丧、自责等）。

不良情绪不间断地持续一个月，或不良情绪间断地持续两个月仍不能自行化解。

不良情绪反应仍在相当程度的理智控制下，始终能保持行为不失常态，基本维持正常生活、学习、社会交往，但效率有所下降。

不良情绪的激发因素仅仅局限于最初事件，即使是与最初事件有联系的其他事件，也不会引起此类不良情绪。

（二）严重心理问题

由相对强烈的现实因素激发，初始情绪反应强烈、持续时间较长、内容充分泛化的心理不健康状态。特点：

由于现实生活、工作压力、处事失误等因素而产生内心冲突。

不良情绪不间断地持续两个月以上、半年以内。

问题的内容已经出现泛化。泛化主要是指来访者的反应超越了引发事件本身，扩散到相似的刺激上，如"一朝被蛇咬，十年怕井绳"便是泛化的最好表现。

心理问题对情绪的影响很深，对行为影响显著，导致激烈的冲突，对认知的影响长久。

（三）神经症性心理问题

神经症性心理问题又被称为可疑神经症，是一种心理不健康状态，已接近神经衰弱或神经症，或者它本身就是神经衰弱或神经症的早期阶段。有时也把有严重心理问题但没有严重的人格缺陷者列入这一类。神经症性心理问题引起的心理冲突与现实处境没有明显关系，涉及生活中不太重要的事情，且不带有明显的道德色彩。

（四）心理异常

心理异常是指人的心理过程和个性心理特征发生异常，包括认知、情感、意志以及人格等方面表现异常。特点：

具有强烈的心理反应。出现思维上的判断失误，思维敏捷性下降，记忆力下降、头脑空白感、强烈自卑感以及痛苦感，缺乏精力，情绪低落、阴郁、紧张、焦虑、行为失常、意志减退等。

明显的躯体不适感，会影响消化系统、心血管系统以及内分泌系统，出现食欲缺乏、便秘、腹泻、心慌、胸闷、头晕等症状。

社会功能受损，痛苦感极为强烈。哪里都不舒服，活着不如死了好，是他们内心真实的体验。

三、积极心理学

积极心理学（Positive Psychology）是心理学领域的一场革命，也是人类社会发展史中的一个新里程碑，是一门从积极角度研究传统心理学的新兴科学。1997 年，积极心理学作为一个新的研究领域第一次被提出。2000 年，马丁·塞利格曼和米哈里·契克森米哈赖发表了论文《积极心理学导论》，标志着积极心理学的问世。

积极心理学采用科学的原则和方法来研究幸福，倡导心理学的积极取向，研究人类的积极心理品质，关注人类的健康幸福与和谐发展。它把研究重点放在人自身的积极因素方面，主张心理学要以人实际的、潜在的、具有建设性的力量、美德和善端为出发点，倡导人类用一种积极的心态对人的许多心理现象做出新的解读，从而激发人自身内在的积极力量和优秀品质，并利用这些积极力量和优秀品质来帮助有问题的人、普通人或具有一定天赋的人，最大限度地挖掘自己的潜能并获得良好的生活。

积极心理学倡导研究和探索人类的美德，填补了心理学在正常人心理活动研究方面的空白，恢复了人性的积极面。要建构好的生活就要展现自身的优势，并不断发展优势来抵抗自身的劣势。对于研究生而言，要发掘并培养自己的美德与优势，从表现出来的优势中去引领自己，发展积极的人格特质，同时在生活中应用这些优势。当优势发展得很好时，可以帮助我们修正缺点与劣势，抵挡人生中的各种挫折与不幸。

（一）性格优势

性格优势（Character Strengths）是积极心理学的核心研究领域之一，包括个体的认知、情绪以及行为等各个心理层面的积极特质。积极的个人特质对一个人的成长发展来说，是基础和关键，也是优势，在此基础上发展自己的才能，是走向成功的重要途径。

积极心理学之父马丁·塞利格曼在《持续的幸福》一书中指出："积极心理学研究的不是幸福，而是全面的蓬勃人生，它有五个支柱——积极情绪、投入、人际关系、意义和成就，这些支柱的基石是品格优势和美德。在蓬勃人生理论里，24 个优势支撑着 5 个元素，该理论旨在帮助我们运用自身最强的优势获得更多的积极情绪、意义、成就以及发展更好的社会关系。"

我们每个人身上都具有自己独特的性格优势。性格优势包含了有助于我们积极生活的性格特征，这些性格特征在不同个体身上呈现出不同的比例和成分，经过排列组合后，形成一个独特的人。比如，有的人的优势是善良、好学、创造力、正直等，而有的人的优势则是感恩、活力、领导力、好奇心等。不同的人具有不同的特质，每一个人都是独特的个体。如果我们不了解自己和他人的特质，没有善用自己的优势特质，就容易陷入"看不见"的状态，引发烦恼。反之，如果我们充分了解自己的性格优势和特质，就可以较好地调整自己，通过后天的学习提升，活得积极快乐，并找到人生的意义。

（二）性格优势量表（VIA-IS）

性格优势是人们在整个生命历程中具有可塑性的一系列积极人格特质，也就是我们常说的每个人身上的美德。性格优势作为积极心理学早期的重要研究对象之一，最早由积极心理学之父塞利格曼教授提出并深入开展研究，他最早识别了人类的 24 种性格优势，包括创造力、开放性思维、洞察力、勇敢、公平、谦逊、审慎、希望等，鼓励人们运用和发挥自身的性格优势，以激发自身的潜能和内驱力，产生更多的积极情绪，从而获得幸福感和意义感。此后，塞利格曼、帕克和皮特森将 24 种性格优势分别划归智慧和知识、勇气、人性、公正、节制、超越六大美德，并共同开发了"行动价值—优势量表"（Values in Action Inventory-Inventory of Strengths，VIA-IS）（表 1），用于测量和发现人们最显著的性格优势。经大量研究证实，VIA-IS 在不同文化和不同代际的群体中都有很好的测量可靠性和有效性，因而被广泛使用。

表 1　行动价值—优势量表（VIA-IS）

六大美德	24 种性格优势
智慧与知识（知识的获取和运用）	创造力：思考新颖、独特、有成效的做事方式
	好奇心：对所有的体验都感兴趣
	开放性思维：从各个方面思考和检视问题
	好学：掌握新技能、新知识
	洞察力：能够给他人提供明智的建议
勇气（在困境中仍然坚持完成目标）	勇敢：不逃避挑战、困难或痛苦
	毅力：做事有始有终
	诚实：以真实的方式展示自己
	热情：以热情和活力对待生活
人性（关爱他人）	爱与被爱的能力：重视与他人的亲密关系
	善良：为他人做好事
	社会智力：意识到自己和他人的动机、感受
公正（健康群体生活的贡献者）	团队合作：作为一个团队的成员具有良好的工作表现
	公平：平等对待所有人
	领导：组织和监督团队活动
节制（防止过度行为）	宽恕：原谅错误
	谦虚：让自己的成就为自己代言
	审慎：慎重地做选择
	自我调节：调节自己的感受和行为
超越（为广阔的世界提供意义或联系）	欣赏美和卓越：发现和欣赏美丽、卓越
	感恩：对生活中的美好事物表示感激
	希望：期待好的结果，并努力实现它
	幽默：有趣、诙谐、给他人带来愉悦
	灵性：对生命意义持有连贯的信念

对于研究生群体而言，积极心理学视野下的心理健康不仅关注少数具有心理问题的研究生，也关注所有健康群体研究生的心理发展，通过用积极的心态对个体心理现象做出新的解读，激发每个人自身所固有的或潜在的积极心理品质和积极力量，促进个体发现并利用性格优势，从而获得成功和幸福感。

（三）如何培养积极心态

1. 感恩练习

研究发现，经常表达感恩的人更健康、更愉悦、更幸福、更快乐，身体也更好一些。肯定和感激生活中的美好事物，可以将注意力从消极方面转移到积极方面，从而培养更乐观的心态。每天花点时间思考自己感恩的事情，不仅可以改善情绪，还可以重新调整大脑，使其在日常经历中更容易注意到积极的事物。这种简单的练习随着时间的推移可以显著提高整体健康水平和适应能力。

2. 自我肯定

自我肯定是指对自己持有正面的、建设性的看法，认可自己的价值和能力，是一种深层次的自我认可和接纳。自我肯定能帮助我们建立积极的自我形象，增强自信心，提升心理健康水平。自我肯定的人更容易应对挫折，拥有更强的动机去实现目标。每天早晨对着镜子，真诚地对自己说几句肯定的话。例如："你今天看起来很棒""你是一个有能力的人"。开始可能会觉得有点奇怪，但长期坚持，会逐渐改变你的自我认知。尝试为自己设立一些小目标，并在完成后给予自我肯定。通过不断实现小目标，你会逐渐建立自信心。

3. 专注和冥想

专注和冥想有助于培养一种专注于当下的心态，减少对过去失败或未来焦虑的反复思考，增强情绪的弹性。练习深呼吸和专注意识等技巧，对个人专注于当下有帮助。

4. 拥抱变化

保持开放的心态，接受新的事物和观念。拓宽视野，增强适应能力，勇于尝试新的方法和途径。具备持续学习的能力，不断学习、不断进步，才能跟上时代的步伐，不被淘汰。

【小练习】

讲述你的最佳时刻

做一个积极的自我介绍，讲述一个"最佳的我"的故事。可以是你的一个成就，如"我赢得了一项比赛""我拿下了一个很难拿到的订单""我做完了一个很难做的任务"。也可以是你展现了某一项美德：我帮助了别人，我激励了别人，我在诱惑面前坚守了自己的原则，我在压力之下能够坚持不懈地努力。

这个故事体现了你什么样的优势？通过积极的自我介绍，让我们从情感和故事的角度认识到自己身上的优势。

四、研究生心理问题

近年来，研究生教育过程呈现出高层次性、专业性、复杂性和特殊性等特点，研究生群体的心理健康问题呈多样化趋势。俞国良（2024）对我国研究生主要心理健康问题的检出率和影响因素进行探究，结果显示，心理健康问题的检出率从高到低依次是：学业倦怠（32.7%）、睡眠问题（24.9%）、强迫问题（23.1%）、抑郁（21.0%）、焦虑（16.0%）、敌对问题（9.7%）、自杀意念（8.8%）。中国科学院心理研究所对12723名研究生进行了调查，在抑郁倾向调查中，35.5%的研究生存在抑郁倾向，12.4%的研究生属于抑郁高风险群体；在焦虑问题调查中，60.1%的研究生受到焦虑困扰，7.1%的研究生存在重度焦虑，约有6%的硕士生和32%左右的博士生出现不同程度的脱发、失眠、焦虑、神经衰弱等症状。不论是抑郁还是焦虑，都呈现为女生较男生高发、博士生较硕士生高发、毕业生较其他年级学生高发的趋势。研究生对自身心理健康问题的关注不够，仅有7%的研究生主动做过心理咨询，仅有25%的学生会在心情抑郁、焦虑等状况下向身边的朋友、老师以及心理咨询中心寻求帮助。研究生心理问题主要表现为以下几个方面：

（一）孤僻自闭，缺乏情感支持

在研究生阶段，由于集体活动和社交机会的减少，学生往往感到孤独。调查显示，约有25%的研究生，尤其是理工农医类研究生（接近70%），由于长期埋身于实验室，活动范围狭窄，极少与他人进行有效沟通，久而久之就出现了不愿、不敢或不会与人交往的状况。面对同学之间的竞争，研究生们常常感到需要不断证明自己，这可能导致焦虑和孤独感。不少研究生在科研活动中缺乏团队合作精神，与导师的期望不一致和沟通障碍可能加剧学生的心理负担，引发人际交往的危机。部分研究生选择将互联网作为逃避渠道，宁愿在网络上无话不说，也不愿与家人、同学分享内心想法，这种自我封闭的人际关系处理方式加剧了已有的人际关系问题。这些问题逐渐累积，可能成为心理健康的隐形杀手。

（二）经济压力大

虽然国家及各科研组织会给研究生的学习生活给予一定的经济支持和帮助，但是大部分研究生还是要缴纳数目不小的学费及生活费。研究生的主要群体是由本科生直接转变而来，在经济上还不能完全独立，部分学生家庭经济负担较重，加上不少研究生认为在研究生阶段再向家里要钱是一件令人羞愧的事情。部分学生需要通过勤工俭学、在外兼职等方式来减轻经济压力，进一步压缩了用于学术研究和自我调节的时间。长此以往，经济困境会转化为深层的心理焦虑，加剧研究生的紧张情绪。

（三）学业压力大

2022 年 *Nature* 杂志对全世界的研究生进行调查，高达 70％的受访科研人员透露，他们每周投入科研学习的时间超过 40 个小时。近半数的受访者表示他们所在的学术机构存在一种长时间工作的文化，鼓励甚至要求他们通宵达旦地工作。近年来，为了提升硕士研究生整体科研素质，论文审查制度越来越严格。此外，大部分硕士研究生在本科阶段并没有形成科研能力，一下子接受高强度的科研任务对硕士研究生而言无疑是困难重重。长期处于高压的学习环境中，部分研究生可能因消极的个人经历和学习环境而产生学业倦怠问题，表现出学习兴趣缺乏、效能感低下和厌学行为。俞国良对我国研究生的学业倦怠问题进行研究，发现超过三成的研究生对学业活动产生倦怠、缺乏成就感或厌学。长期的学业压力、导师支持不足和消极的学习环境是研究生出现学业倦怠的重要原因。

（四）睡眠问题

在数字时代的背景下，睡眠问题逐渐成为一大心理健康挑战。繁重的学业压力、繁忙的日程安排以及焦虑等因素常常导致睡眠困扰。调查显示，近 1/4 的研究生存在睡眠问题。在高压的学业环境中，研究生容易养成晚睡、少睡等不规律的生活作息，导致失眠、日间疲惫或嗜睡。入睡前主动使用手机、被动性地回复信息都会干扰睡眠的启动和维持。

由于学业需求而长时间使用电子设备，抑或因减缓学业压力而沉溺于数字网络，均会给研究生的睡眠带来不利影响。睡眠问题表现形式多样，包括入睡困难、睡眠难以维持、睡眠质量差以及日间疲倦等，与各种身心健康指标存在显著关联。

第三节　研究生心理危机

相比于其他同龄人群，研究生面临着更多更具风险的心理社会性应激源，他们的心理健康状况堪忧，抑郁、焦虑等精神疾患屡见不鲜，与之相关的自杀问题也经常见诸报端。心理健康问题通常被划分为内化问题和外化问题两类。内化问题根源于个体对心理冲突的过度内部化处理，表现为情感的过度抑制，如焦虑、抑郁和自杀意念。外化问题则来源于对心理冲突的抑制不足，表现为行为控制的缺失。其中，强迫问题、敌对问题以及自杀尝试是重要考量指标。

一、研究生心理危机及产生原因

心理危机（Psychological Crisis）是指受到应激事件影响时，个体采用的处理方法或机制无法应对外部或内部刺激而出现的一种高度不平衡状态。其本质上由应激性危机事件触发，个体在先前危机处理方式和惯常支持系统无法应对困境时产生痛苦体验，如果不能及时解决，将导致情绪失控、行为紊乱，并伴随一些躯体症状，最终进入失稳的危机状态。遭遇危机时，如果个体通过消极自我防御手段（幻想、被动攻击等）进行应对或心理系统处于崩溃、瘫痪状态，危机可能会延长并加重，表征为各类情绪、认知、生理和行为症状，包括焦虑、抑郁情绪，严重时出现暴力或自杀行为。

危机是一个动态发展的过程，在危机的不同阶段，个体会有不同的心理和行为表现。心理危机通常可以分为 4 个阶段，即警觉阶段、功能恶化阶段、求助阶段、危机阶段。

（1）警觉阶段：创伤性应激事件使当事人情绪焦虑水平上升并影响到日常生活，此时采取常用的应对机制来减少或消除因焦虑所致的应激和不适，以恢复原有的心理平衡。

（2）功能恶化阶段：应对机制不能解决目前所存在的问题，且创伤性应激反应仍持续存在，情绪焦虑程度进一步上升，此阶段当事者的社会适应功能明显受损或减退。

（3）求助阶段：当事者的焦虑、抑郁等不适反应进一步加重，促使其尽可能地应用应付或解决问题的方式来力图减轻心理危机和情绪困扰，其中也包括社会支持和危机干预等。

（4）危机阶段：若经上述三个阶段当事者的创伤性应激反应仍未平复，当事者处于危机状态，由于缺乏内在的力量和社会支持，个人的问题未解决，而且紧张和焦虑上升到一种无法忍受的程度，可表现出明显的人格障碍、行为退缩或精神疾病，有的甚至企图自杀。

高校学生心理危机是指高校学生在校期间，身心健康平衡被打破，学生的思维、情绪情感、行为功能严重失调，感到强烈痛苦，无法适应学校学习、生活，表现为出现自我伤害或是伤害他人的想法、计划、实施冲动或是严重身心疾病急性发作等情况。高校学生常见的心理危机主要表现为自我伤害类、伤害他人类、违法违纪类，这些危机情况的发生往往伴随着严重的身心疾病。其中，自我伤害类危机在高校学生心理危机中占比较高。

研究生出现心理危机是各种负面因素长期叠加和累积的结果，包括外部和内部原因。外部原因包括客观重大事件，如疾病、就业压力、学业压力、经济压力、婚姻压力、人际关系压力等；内部原因表现为个体自身的主观特质和态度、个人认知水平、情绪控制能力、人格状况等。当客观环境与个人性格和期望发生冲突时，由于无法快速调节而产生矛盾。张月娟等发现研究生抑郁情绪与负性生活事件（长期离家、考试失败、恋爱不顺等）密切相关。周莉等发现研究生对导师的排斥感知程度越高，生活满意度越低、抑郁程度更高、攻击性也更强。苏云琼等认为研究生的心理危机事件往往在多种诱因共同作用下发生，并且个性因素是关键。此外，有研究指出医学研究生作为研究生中的特殊群体，其拖延行为、消极认知情绪调节方式（如沉思、责难自己和灾难化）是其抑郁和焦虑情绪的预测指标。

（一）内在因素

从个体心理健康素质来看，受身心发展水平和教育经历影响，研究生群体智力水平整体较高，心理亦更成熟，有着较高的自我期望、成就动机和抱负水平；但受限于社会阅历和生活经验，研究生群体在自我认知、情绪认识和控制能力等方面的发展明显不足。随着研究生教育体制改革不断深化，人才培养质量的要求日益提升，学业、就业以及经济等实际问题给研究生带来的压力与自我期望形成较大反差，直接影响着研究生个体良好自我认知的形成。部分研究生适应和抗压能力相对较弱，焦虑和抑郁情绪不断积聚，给危机发生埋下隐患。同时，研究生群体年龄跨度较大，思想观念迥异，自主独立意识较强，学习生活的个体化趋势明显，而研究生教育中注重个性化培养的导师制模式又强化了这种趋势，这给研究生增强自身人际交往能力和团队合作意识、建立有效的社会支持系统带来诸多负面影响。现实中，当一些研究生出现心理危机时，往往陷入不知如何求助、只能任其发展的困境。研究生对心理健康状况污名化的恐惧是他们不愿意寻求帮助的重要原因。另外，当前的研究生招录要求侧重于学术水平的考核，心理健康问题因其隐蔽性难以通过标准化的招考程序发现，一些"带病入学"的研究生就成为心理危机的易发和高发群体。

（二）外在因素

从客观环境上来看，研究生群体的心理健康问题未得到足够重视，现有的心理健康资源不能有效地解决研究生面临的现实问题，导致研究生无法有效获取外界支持来预防或摆脱危机。虽然心理健康问题已得到社会公众的高度关注，但现实中污名化和逃避心理问题等认知偏差仍然存在。公众对研究生高知群体的刻板印象强化了这一认识，甚至有些研究生对自身心理问题亦讳疾忌医。不少学校对研究生心理健康教育的重视也不够，相关调研显示，研究生心理健康教育滞后于本科生心理健康教育，资源分配倾向本科生成为各高校普遍现象，这使得研究生心理健康教育专职教师配备不足，开设研究生心理健康课程的高校相对较少；研究生心理咨询服务专业性和针对性不强，危机预警指标体系的建立和排查工作不到位，医校合作、家校合力机制未有效形成，导师心理育人作用发挥不充分。从整体上看，研究生日常心理健康教育并未达到培育积极心理品质的效果，容易出现危机预警不到位的现象，难以及时发现问题并及早分类以疏导压力。

（三）诱发因素

研究生面临的各类重大负面事件或情境是导致个体心理冲突、引发危机的直接诱因。尽管负面事件或情境存在因人而异的差异性和多样性，但在当前的社会大背景下，又具有一定程度的普遍性。研究生个体面临的学业就业、人际情感、导学冲突以及自身疾病等挫折，甚至社会公众所共同面临的灾难事件都有可能成为引发研究生个体心理冲突的直接诱因。此时，研究生个体如果无法进行自我调适，或无法获得有效社会支持，就会导致严重的心理失衡和心理冲突，一旦陷入危机状态，很有可能出现人身伤亡等极端事件。极端事件一旦发生，不仅会给研究生本人和家庭带来严重影响，还会带来一系列次生问题，给师生心理和校园和谐带来冲击。

二、研究生导师的角色与责任

当前，随着研究生心理健康问题的多发以及心理危机事件的频发，如何指导出现心理健康问题或患有精神疾病的研究生，已成为研究生导师面临的棘手问题。实践中，有些导师因自身事务繁忙，无暇顾及研究生心理状况；有些导师则认为培养研究生就是传授知识，对研究生心理健康状况乃至严重心理危机现象听之任之；还有些导师害怕出问题、担责任，将出现心理健康问题的研究生"打入另类"，以"精神障碍"为由放弃培养并要求其退学；甚至极个别导师违背师德，引发严重的导学关系冲突，给研究生心理健康造成巨大的负面影响。大多数导师主要是因为缺乏相关知识，不知道如何开展心理健康教育和干预心理危机，结果出现为保护研究生"隐私"而隐瞒病情等"好心办坏事"的情况。鉴于此，导师要在科学认识心理危机规律和特点的基础上准确了解和认识自身责任。

（一）导师是预防和干预研究生心理危机不可或缺的力量

导师是研究生培养的第一责任人，导学关系是研究生教育中最基础和最核心的关系。在导学关系互动中，研究生个性化培养过程奠定了导师的权威和主导地位，研究生对导师有着强烈的信赖感和极高的认同度，导师更容易了解、教育和引导研究生。相关研究显示，在家庭、朋辈、专业机构等诸多社会支持中，研究生能感知到的社会支持主要来自导师，而且来自家人的支持也不能够替代来自导师的支持或弥补导师支持的不足，这是导师相比学校心理健康专职教师、辅导员或党政管理人员在开展心理健康教育、预防和干预心理危机上所具备的优势。具体来说，学业科研问题是当前影响研究生心理健康的主要压力源和心理危机的重要诱发因素之一，而良好的导学关系能给予研究生以强大的支持，在很大程度上降低此类压力源对研究生的影响。因此，如果导师忽视、排斥研究生心理问题甚至拒绝与研究生沟通交流，则可能对其学习生活造成不良影响。相关研究显示，研究生对于导师的排斥感知与研究生生活满意度呈显著负相关，与研究生的抑郁和攻击行为呈显著正相关。不良的导学关系轻则出现研究生的回避、压抑行为，重则会引发导学、同学之间的人际冲突，甚至引发各种极端行为。

（二）预防和干预研究生心理危机是落实立德树人根本任务的职责要求

作为研究生培养的第一责任人，导师给予处在危机中的研究生以有力的支持不仅是有效化解危机的必备要件，而且是落实研究生培养任务的职责要求。在新时代研究生教育中，导师和研究生之间并非只是简单的知识传授关系，而应该是基于共同目标形成的融知识传承、学术创新、情感交融和人格塑造于一体的新型导学关系。导师教书育人不仅是专业知识的传授过程，还是促进研究生全面发展、塑造健全人格的过程。导师之于研究生，既是专业知识的学术训导者，还是人格塑造的人生领路人。导师最大可能地给予处在心理危机中的研究生以支持，不仅能够避免极端事件的发生，而且是履行育心育德职责的必然要求。《中华人民共和国教师法》明确规定包括导师在内的全体教师要"关心、爱护全体学生，尊重学生人格，促进学生在品德、智力、体质等方面全面发展"，对危害学生的行为和现象则要"制止、批评和抵制"。教育部印发的《研究生导师指导行为准则》也明确要求导师"落实立德树人根本任务，加强人文关怀，关注研究生学业、就业压力和心理健康，建立良好的师生互动机制"。如果导师忽视研究生心理健康教育，无视其日常心理状况，甚至歧视出现心理健康问题的研究生，放任其心理危机的发生而不加干预，这不仅是师德失范，更是失职违纪。如果导师因行为不端或失职行为引发学生心理危机，并造成不良影响乃至严重后果的，应依据相关规定承担纪律责任和法律责任。

【典型案例】

学生出现心理问题，该怎么办？

刘老师最近发现学生小唐存在科研任务进度滞后的情况，和大家的交流也比之前少了很多。刘老师以为小唐只是太懒没有好好完成科研任务，向同宿舍同学打听才知道，小唐最近一直在宿舍待着，常常在床上躺一天都不起来，也不跟宿舍同学沟通，还经常在被子里小声哭，偶尔舍友也会看到小唐两眼无神在阳台站着。舍友想要关心小唐了解情况，小唐也从来不说。刘老师主动找她了解情况，小唐这才告诉刘老师，最近被确诊为抑郁症。刘老师一时有点蒙，想帮助学生，又怕自己说得、做得不合适，不知道该怎样对待这名学生，这个度该怎么把握？

导师作为研究生培养的第一责任人，承担着育人育德、铸魂铸心的职责与使命，既要给学生以学业指导，也要关心研究生的生活冷暖，及时发现自己学生的心理健康问题。

首先，及时发现问题。导师通过定期的面谈，了解学生的学术进展、心理状态和情感需求，及时给予反馈和支持。在这些沟通中，导师不仅要关注学生的学术表现，还要关心学生的情感状态和生活状况，帮助学生排解心理压力。

其次，进行有效沟通。导师与学生之间的沟通方式应注重平等和尊重。在学术指导上，导师需要尊重学生的独立性，给予学生足够的研究自由，并提供建设性的意见和建议；而在个人情感支持方面，导师则应充当倾听者的角色，给予学生理解和安慰，帮助他们缓解学业与生活中的压力。

◇和学生谈心谈话时，导师可以这样说：

我想知道你在这件事上的感受是怎样的。

我很理解你的感受，如果我是你，我也许也会这么做。

你希望我怎么帮助你呢？

是什么让你产生了这样的想法呢？

◇和学生谈心谈话时，导师应避免说：

这点小事真没什么好难过的，想开点。

我知道你很累，每个人都很累，我更累啊！

这件事你跟我说有什么用呢？该由谁负责就应该去找谁。

我之前也有你这样的想法，但后来……

此外，非正式的沟通也是建立信任关系的重要途径。通过课外活动、社交场合等，导师和学生可以建立更加亲密和融洽的关系，这对于缓解学生的孤独感和焦虑情绪有积极作用。

（三）如何发现有心理问题的学生？

对导师而言，必须有关注学生心理健康状况的意识，能够识别出学生的心理异常，并有针对性地给予帮助。那么，通常这类心理出现问题的研究生有哪些表现呢？

1. 平时很少见到人，经常处于失联状态

这类学生逐渐消失在视野当中，也不知道他整天在忙什么，问其他同学也是同样的感觉，找不到人。再细致了解，发现他整日闷在宿舍，回避人际交往，也不参加学校里的其他活动。这很有可能是抑郁状态。这类学生表现为：情绪低落、失眠、嗜睡、注意力不集中、自责自罪、社交退缩，甚至有自残、自杀想法，回避当前的无意义和痛苦。

当一个学生因为某件事情或无缘由地陷入抑郁，严重影响到学业进展时，导师需及时建议学生到专业的精神卫生机构进行诊断治疗。同时，心理类疾病和身体疾病不一样的地方在于，周围人的关心、理解和支持是帮助患病学生积极康复的重要因素。因此，在

生活上，导师要经常关心学生的生活、情绪状况，给予学生安慰和情感支持；在科研学习上，导师可以找一个帮手协助学生处理当前的工作，日常给予鼓励关心或者重新分配任务，等学生恢复了再投入科研学习。

2. 学习积极、追求完美，进度很慢

这类学生在学习上通常表现得很积极、听话，每天都在实验室刻苦学习，经常有追求完美的想法，所以总是重复已完成的工作，一旦遇到挫折，会引发强烈的情绪反应，导致效率不高，科研进度很慢。这类学生经常担心完不成任务，担心让导师失望，担心比不过同实验室的其他人。生活中频繁失眠，精力很差，表现出明显的焦虑状态。这些学生如果去心理门诊看医生的话，多数会诊断为焦虑。

对于这类学生，建议导师可以单独找他们谈谈心，了解他们心里的想法，给予肯定或适当调整一下任务要求。导师也可以用自身求学的经历现身说法，给予学生鼓励。科研是场马拉松，未来有更多的坎坷挑战，谁最先找到应对焦虑压力的方法，保存体力、精力，谁才能走得更远。

3. 情绪不稳定，极易发生人际冲突

这类学生常常表现出心境变化反复无常，忽高忽低，或者情感活动显著增强，比如这会儿兴高采烈、轻松愉快，但是情绪容易出现波动，易被激惹，因为一句话或者是一点小事就大发雷霆。这些学生可能会因为不满培养计划、科研指导等其他事情，直接和同门甚至导师发生冲突。

如果这类学生仅偶尔有冲动行为，那么了解一下导火索，安抚劝解就可以。如果存在持续的人际关系紧张、暴躁易怒，和导师相处也是剑拔弩张、拒绝沟通或者有其他异常表现，那就需要及时与辅导员、家长进行沟通，找到学生相对信任的人，做好情绪安抚、就医咨询的安排。心理疾病的发作可能有刺激因素，也可能是生理心理发展到一定阶段后慢慢显现出来。如果有相应的诊断，要遵医嘱进行治疗，与学生及其监护人沟通学业，适时调整科研计划目标。其中需要协调的事情很多，作为导师应该及时与院系、心理中心或学校其他有关部门沟通，也要向课题组的其他学生做好客观、恰当的解释，鼓励大家，尽量降低对整个团队工作效率的影响。

三、心理危机预防与干预策略

高校心理工作中识别、发现心理危机学生，必须依靠团队的系统工作，采用专业方法向心理危机学生提供有效帮助和支持，避免出现自伤、自杀，或伤人、杀人等严重不良后果，辅助心理危机学生及时就医，恢复身心健康，重新适应高校学习和生活。在危机预防与干预过程中，导师需要掌握以下三个基本策略：

（一）树立生命至上理念，实施系统干预

第一，树立生命至上原则。坚持把生命至上作为首要原则，在任何危机面前都要以保证生命为首位任务。导师一旦发现有可能危及学生生命的迹象，就要第一时间处置。现实中，有些导师认为学生心理状况是个人隐私，并以此为由为学生"保密"，这是严重的错误。"生命至上，危机面前无保密"是导师应恪守的基本要求。第二，落实及时预警原则。要做到预防为先，抢在危机发生之前开展行动。一般而言，危机一旦发生，进展速度就会很快。导师一旦发现学生流露出悲观厌世等危机征兆，就要高度重视，第一时间干预，避免因拖延而导致事件恶化。第三，要做到系统干预。动员一切力量，形成干预合力。心理危机的发生有着复杂长期的原因，因此对心理危机的预防和干预也绝不能单打独斗，要充分发动家庭、辅导员和朋辈群体，尤其是心理咨询教师和精神专科医生等多方力量，给予处在危机中的研究生以全方位的支持。第四，要坚持全面发展原则。立足学生的长远发展看待危机。心理危机只是当事人在某个时期或者阶段面临的难关，本身是"危"和"机"的统一。通过系统干预和科学治疗，其转危为安的概率很大。导师要以全面和发展的观点对待处于危机中的当事人。戴着有色眼镜看待当事人，甚至放弃当事人，不仅没有任何科学根据，而且违反了《中华人民共和国精神卫生法》中不得歧视精神障碍患者的法律规定。

（二）抓住关键节点，做到及时妥善处置

处置是核心，是导师预防和干预研究生心理危机的重要工作。第一，预先识别是前提。心理危机都有其产生和发展的过程，心理矛盾积聚有"潜伏期"，并外在表现为学生情绪的"脆弱期"，这就为导师提前发现研究生的心理危机赢得了时间。导师平时应关注和了解研究生的性格特征，在毕业、就业等重要时段多留心、多沟通、多询问，从学生的情绪变化中发现蛛丝马迹，识别心理危机征兆。第二，主动干预是关键。导师一旦发现征兆，要主动和心理咨询教师、辅导员以及相关负责领导取得联系，明确分工、各司其职，形成协作联动；要从导师角度出发和学生的家庭做好沟通，当出现家庭不理解、不配合的情况时，导师要协助学校做好说服解释工作，切实让家属履行其法定职责，发挥家校联动的合力。第三，现场处置是重点。并非所有危机都能在出现征兆时就被有效阻止，学生失踪、自残自伤等严重而急迫的危机事件在现实中经常出现。此时，导师要及

时寻求帮助，采取通报相关部门、告知家属、报警和送医等措施给予紧急救助。尤其是面对当事人生命垂危的紧急情况，更要冷静果断采取措施避免更严重的后果发生。第四，善后处理是必要延伸。危机事件不仅对当事人，而且对导师等相关人员都是严重的精神冲击，因此善后处理至关重要。对渡过危机的当事人持续跟踪，给予特别关注和支持，避免其重蹈覆辙；如其身心健康状态暂时无法继续学习或者确实无法完成学业，可依据学校相关规定办理休学或退学。如果危机导致了人身伤亡等严重后果，导师则要做好自身和相关人员的心理疏导，避免次生心理事件的发生。同时，导师自己如果出现强烈或长久的悲伤、自责、内疚等情绪，则要主动向心理咨询中心等专业机构寻求帮助。在可能的情况下，导师还需协助学校做好舆论引导和家长接待等工作，维护校园和谐稳定。

（三）增强沟通协调能力，保障有效预防和干预

沟通协调能力是基础，是导师预防和干预研究生心理危机的根本保障。第一，提高信息收集能力。导师要加强和研究生的有效沟通，要善于从各种渠道关注研究生的异常表现，了解其心理状况。有效沟通是导师与研究生和谐关系的基石，亦是导师发现问题和征兆最好的途径。导师在日常交往中，要尊重研究生的主体地位，主动关心了解研究生，倾听研究生的不同声音，善于因势利导和因材施教，采用对话和交流方式，获得研究生的认同。第二，增强分级应对能力。导师应在判断研究生危机风险程度的基础上采取相应的干预措施。如研究生出现精神状态异常，有高度自伤自残的风险，导师就应当做出判断，立即进入全员全面的重点干预程序；而当当事人只是出现焦虑等日常心理不适，则可通过谈心谈话给予疏导，或建议当事人去学校心理健康中心进行心理咨询。第三，增强沟通协调能力。导师要善于和学院领导、辅导员以及研究生家长沟通交流，做到平时交流无障碍，危机关键期及时准确传信息，事件善后时理性平和谈问题。第四，增强心理调节能力。导师要有一颗"大心脏"，维护好自身心理健康。在导学关系中，导师和研究生不仅是学术传承的共同体，还是心理交融的共同体。导师要具备相应的心理健康知识，能自行调适缓解压力，以良好的心态应对各种问题，避免自身和研究生之间负面情绪的相互影响。

【典型案例】

自杀危机干预

马老师的学生小程向他反映同门小王最近的情绪状况非常不好，常常莫名

哭泣。有一天，她还看见小王在纸上反复写"我不配活在这个世界上，我为什么不去死"。第二天上午，小王将自己反锁在宿舍内不让其他人进入。小王这时已将宿舍窗户限位器拆卸，并计划将自己反锁在宿舍内多天。马老师听到这个消息时很慌张，担心学生会有自杀的风险，但又担心主动询问学生会刺激到学生，一时不知道该怎么办。

基于研究生的学习特点，导师和同门、宿舍同学是其平时接触最多的人，也是最有可能发现研究生心理危机的人群。马老师在了解到学生情况后意识到学生可能有自杀的风险。当导师注意到这一信号时，应迅速采取相应的干预措施，排在第一位的是确保学生的生命安全。

理解和识别自杀信号。很多时候，学生通过书写、语言的形式表达自杀的意念时，其实是在表达内心的痛苦。从案例中的描述来看，小王目前内心痛苦无助，有强烈的自我否定，萌生了轻生的念头。这样的念头可能与难以应对的负性应激事件有关，也可能与学生的心理疾病有关。极度痛苦和自我怀疑，此时想到死亡是其否定自我的极端表达，这是自杀危机的言语信号。

直接询问。在面对想自杀的人时，部分老师可能会担心与想自杀的人谈论自杀会增加他自杀的风险。但实际上大量研究证明，询问关于自杀的问题并不会增加人们关于自杀的念头及行为。相反，直接讨论关于自杀的想法，对于一个有心理痛苦的人来说，不仅是一个表达的出口，还可以让他们意识到有人在乎他们。在注意到危机信号时，应考虑学生信任导师的情况进而采取相应对策。如果信任导师，导师便可以直接询问；如果不确定，导师可以找该同学信任的人去询问，或者寻求专业心理咨询师的帮助。询问时可以说出对他的担心，并直接提及注意到的警示信号。询问时要清晰、直接，例如："你有自杀的想法吗？"或者"我很担心你，我想知道你是否在考虑自杀"。如果没有得到回应，则要继续表达支持，向他解释你是出于对他的关心才提出来的。

倾听、理解。接近一个正在经历情绪痛苦的学生时，应保持耐心并提供情感支持。如果对方愿意诉说，要认真倾听，理解对方的处境，允许学生表达他们的感受，不要急于判断或争论关于自杀的道德或精神问题，让学生充分纾解情绪，让他感受到被关爱、被理解、被支持。这样的学生之所以选择自杀，很有可能是在现实生活中没有感受到被支持和理解，没有可以帮助他渡过危机的资源和力量。因此，导师在与学生沟通时，一定要理解学生的情绪和做法，尽自己的全力去支持和帮助学生。

自杀评估。在倾听和询问的过程中，评估和了解对方自杀的计划有多具体，计划自杀的方法有多致命，自杀的工具是否容易获得以及距离帮助资源有多远。计划越具体，方法越致命，工具越可及，距离资源越远，那么也就越危险。在对倾听和询问到的情况进行评估之后，一旦发现对方决定自杀或是有较强的自杀意念，以及感到自己摸不清情况时，需要立刻告知院系寻求联动，协同助人。联系对方信任的人，保护他的生命安全，排除一切可实施自杀的条件。另外，还可以寻求专业助人者的帮助，让那些能帮助支持他的人都参与进来，让他知道可以得到帮助，帮助是有效的，寻求帮助是勇敢的行为。陪同他去看医生和咨询师，或协助安排预约。不要让自己成为唯一帮助他的人，认识到自己专业知识和责任的局限性，要从系统的角度整合更多的资源去帮助他，协同各方力量采取针对性措施。

第二章　研究生学业发展与心理调适

　　研究生生活是人生道路上一场全新的旅程，它不仅仅是学术生涯的延续，更是心灵与思想的深度锤炼。研究生处于进入社会的过渡阶段，不仅要适应个体生活，更要适应社会生活。生理上的成人，心理上的准成人是研究生群体最重要的特征属性。由于心智正在走向成熟而未完全成熟，所以在处理学习、生活问题时，要学会恰当发挥自身优势，规避自己的不足，扬长避短，树立自信心，增强心理承受能力，维护心理健康。遇到难题时，要学会主动寻求外部力量的帮助和支持。

　　读研、读博的意义不仅在于提升学历，成为少数的高学历人才，还在于增长学识，开拓视野，提升思维格局，实现自我超越。研究生生活是一次全新的挑战，它不仅考验我们的学术能力，也磨砺我们的意志和心智。在这段旅程中，掌握方法、保持平衡、迎难而上，才能在未来的道路上行稳致远。

第一节　入学前准备阶段

一、要不要攻读硕士/博士学位

　　当前社会经济环境低迷，全球经济复苏缓慢，企业招聘需求减少，就业市场竞争加剧。大学毕业生在面临就业市场的多重选择时，主要集中在考研/考博、考公和直接就业三大方向。2023 年，我国研究生招生人数为 130.17 万人，其中博士生 15.33 万人，硕士生 114.84 万人。在校研究生人数为 388.30 万人，包括在学博士生 61.25 万人和在学硕士生 327.05 万人（数据来源：教育部网站）。《2023 年全国研究生招生调查报告》显示，超过一半的考生因就业困难而选择考研，超过四成的考生因对本专业兴趣浓厚而选择继续深造。

（一）选择攻读硕士

1. 选择考研

工欲善其事，必先利其器。如果把读研当成是未来求职的"利器"，那么首先就要明确未来自己将要投身哪种职业。当目标明确时，我们坚信"磨刀不误砍柴工"。

【典型案例】

考研的迷茫

大四学生小王："我觉得本科学历将来肯定找不到工作，但是对做研究好像也兴趣不大，我究竟要不要读研？"

大四学生小赵："现在就业形势太严峻了，大家都考研，我也跟着考吧，尽管我也不想考，但是不考真的没办法了。"

考研或就业，都并非完美之选。之所以在徘徊，是因为各有利弊。考研可以暂缓就业压力，增加就业砝码，提升就业竞争力；提高学历，增强能力，增进专业知识；有机会到更好的学校学习。但是这个过程不仅要付出大量的时间复习，付出更多精力，还很难兼顾找工作；不仅要面对考不上的风险，还要面对毕业后的就业风险。如果现在立即就业，既能获得经济收入又能积累宝贵的工作经验，还可以更早接触社会，更清楚地了解社会需要和发展方向。

了解考研和就业的利弊。结合自己的实际情况，给自己一个安静的下午，认真思考（表 2）。尽管同学们纷纷投入考研或者就业大军，令你心有不安。不妨静下来，结合父母的意见，进行理性的思考，自己到底想要什么样的生活？如果还有时间，可以去结识一下研究生学长学姐，找一下专业课老师，旁听一堂研究生课，了解一下研究生的生活，从而慎重考虑是否要考研；如果还有机会，可以去找一下实习工作，了解一下工作后的生活。

表 2　考研 VS 就业

个　人		家　庭	
利	弊	利	弊

2. 选择保研

大学期间应该尽早结合自己各方面的情况对今后的学习生活做出规划。是继续读研究生还是直接就业？读研的话是在国内读还是出国留学？在国内读研是争取保研还是选择考研？通过对这三个问题的思考做出决定。虽然保研对将来的人生而言，是一个难得的"黄金铺垫"，但究竟该走什么方向、选取什么项目，也取决于每个人的未来规划。

【典型案例】

保研的挑战

亲爱的保研人，你不能一边学英语、一边改文书、一边复习专业课、一边卷面试吗？原本我以为能应对多线任务，没想到做起来和预想中完全不是一回事。日日熬夜只会透支身体，不加班加点又做不到事事完美。原来工作与生活的平衡不只是打工人的梦想，也是保研人的奢望……外界的种种要求给保研人带来了多重挑战。

相对考研，保研的同学面临的压力和需要付出的努力持续时间更久，难度更高，压力更大。填报系统、准备材料、满足各所学校的要求，这些看似简单的任务实际上却需要投入大量的时间和精力。保研过程中的孤独和不确定性会给你带来很大的压力，周围人的态度和看法可能会让你感到更加焦虑和不安。面对保研过程中的各种压力和困境，提前做好准备、调整心态，就显得尤为重要，可以尝试从以下几个方面入手：

（1）了解保研政策，明确保研目标。每所高校的保研政策有所不同，需提前了解所在学校的具体要求，包括推荐名额、学业成绩要求、科研经历、竞赛奖项、语言能力等方面。了解相关政策后，根据自己的实际情况做合理规划。在选择目标院校和专业时，应结合自己的学术兴趣与职业规划，选择适合自己的研究生方向。可以通过查阅院校的官方网站、研究生招生简章、学长学姐经验分享等途径获取相关信息。

（2）制定学习规划，提升学业成绩。学业成绩是保研的重要基础。制订合理的学习计划，包括每学期的课程安排、复习计划、考试目标等，确保每门课程都能取得良好的成绩。在学习过程中，保持积极的学习态度，尽量参加课程讨论、实验和课外活动，提升自己的综合素质。申请校内外的各类奖学金，争取获得荣誉称号。

（3）参与学科竞赛，积累科研经历。根据自己的专业方向与兴趣，选择合适的学科竞赛。组建团队，提前进行训练，认真备战竞赛，争取在竞赛中获得优异成绩。竞赛结束后，及时总结经验教训，并尝试将成果整理成论文进行发表，为保研材料增加分量。积极联系相关领域的导师，争取参与科研项目，积累科研经验。积极与导师和同学交流，学习科研方法与技巧。

（4）保持积极心态，寻求帮助与指导。保研过程可能面临诸多挑战和压力，保持积极的心态，勇于面对困难，并不断调整自己的策略，最终能够实现目标。在准备过程中，不要害怕寻求老师、学长学姐的帮助和指导。他人的成功可以为我们提供宝贵的借鉴和启示，让我们在追求梦想的道路上少走弯路。

（二）选择攻读博士

读博是一个通往学者的过程。通过三年或四年甚至更长时间的科学研究获得博士学位的过程，意味着一个人有能力由学习阶段进入学术阶段。博士生培养质量的核心指标是博士生的创新能力，具备原创理论成果的能力或学力是博士学位的核心内涵。

【典型案例】

应该读博士吗？

硕士研究生快毕业的时候，小波面临着艰难的选择。由于研究生期间为江苏一家勘探单位做了半年多的野外项目，单位的领导很满意，多次来电话动员小波去他们单位工作。给出的待遇是住房一套，同时给女朋友安排工作。是继续攻读博士学位，面对不确定的未来？还是一劳永逸地解决房子和家庭问题，在工作中锻炼自己？

为什么要读博士？是因为对学术研究充满兴趣还是为了提升学历？是为了逃避就业还是有自己的职业规划？有的同学对科研不是非常感兴趣，抱着试试的态度去读博，结果博士四年时间过得异常艰难；而有的同学对科研的兴趣浓厚，自我学习和科研的动力也就更加充足。读博之前一定要想清楚，想读博士是真的热爱科学研究吗？无论如何，选择读博不能是脑子一热的选择，而是经过深思熟虑的结果。你可以找一个空旷无人的地方，关掉手机、电脑，拿一支笔和几张白纸，对这些问题进行深入思考。

表 3　要不要读博士？

	读博士的原因	不读博士的原因
第一步	我喜欢做什么？ 我擅长做什么？	我不喜欢做什么？ 我不擅长做什么？
第二步	为什么想读博士？ 拿到博士学位后下一步的计划是什么？	为什么不想读博士？ 你短期内是否急于赚钱？
第三步	读博士的话，我需要做什么准备？	不读博士的话，我做什么工作？

博士学位能给你带来什么？

博士虽然面临着诸多压力，但读博士的过程也是一次自我洗礼、自我提升的过程。这个过程带给我们的，远不止找一份满意的工作或者提升自己的学术光环那么简单。获取博士学位的过程，能给我们带来以下优势：

（1）学会思考问题和解决问题。读博的过程是思考问题、解决问题的锻炼过程。读博经历完整的科研思维训练，这个科研思维不仅仅指对自己专业的认知，更是一种发现问题和解决问题的能力。简单来讲，就是当遇到问题的时候，要从哪些角度去分析问题并最终解决问题，无论是博士开题报告，还是子课题的提出，都是需要基于该学科原有的理论基础，思索需要进一步研究的课题，提出一定的假设，然后找数据或者做实验，去验证自己的想法，分析结果。每一个环节所需要的思维侧重点都不同。比如读论文需要的是总结归纳的思维能力，提出问题需要的是创新思维能力，解决问题需要的是分析数据和横向、纵向讨论问题的能力等。这个过程能极大提升解决问题的自信心，培养对新鲜事物开放包容的态度。

（2）提升语言表达能力。作为一个科研工作者，你需要写出能说服别人的论文。很多中国学生的语言表达能力很弱，这与外语水平并不相关，而是由于没有经过写作的准确性和逻辑性训练，而读博写论文的过程就是培养逻辑表达能力的过程。读完博士之后，即使不再从事和自己专业非常相关的研究，学习的一些知识也会逐渐忘却，但是博士期间养成的思维习惯会受益终身，这种能力是我们参加各行各业工作的硬通货。

（3）有机会接触优秀的群体。每个读到博士的人，都有一些各自独特的品质，比如：悟性、天资、刻苦、执着、毅力，等等。所以，与这样一群优秀的人交往，可以学习到很多优点。无论是对学术还是对生活的看法，都会在碰撞和交流中让人获益匪浅。博士能让我们接触最前沿的科学，思考问题更加趋于理性，从深层次了解一个事物的原理，这或许也是科学的乐趣所在。

（4）获得更高的社会认同。目前，我国每年毕业的博士生是十万左右，这个数量相较于本科生和硕士生，是非常小的一个数字。正是因为稀有，也更容易获得社会的认同（学术成就和专业知识水平是更易获得社会认同的核心原因）。获得博士学位以后，无论做哪类工作，都可以向下兼容。且近几年，博士毕业生不仅只是从事科研与研发工作，也逐渐在党政机关政府部门、企事业单位行政部门等多种岗位出现身影，获得越来越多的认同与支持。

二、如何成功上岸

【典型案例】

考研受挫

小王同学学习成绩一般，但自大一入学开始，就已经立下志愿要考取某知名 985 院校的研究生，考研的压力伴随着考研复习的整个过程，在填写报考志愿时，小王毫不犹豫填报了自己心仪已久的 985 大学。考试时，小王因压力过大，考试成绩并不理想，离自己报考的 985 院校的分数还有一定的距离，这对他造成了极大的打击。从此，小王整日萎靡不振，没有好好准备就开始盲目消极地调剂。最后，成绩不差的他连调剂的机会都没有争取到。

当你想清楚自己为什么要考研/考博之后，就要着手准备研究生考试/博士申请。和案例中的小王类似，很多同学因为对自己的认识不够准确，在报考研究生时，志愿填写过高或过低，出现落榜或高分低录的现象。因此，在申请研究生/博士时，对自我客观、合理的认知有助于更好地选择目标院校及提高申请成功率。同时，如何应对备考过程中的压力也在一定程度上影响着考研/考博的成败。

（一）合理选择目标院校

在考研/考博竞争日益激烈的形势下，院校的选择显得尤为重要，甚至从某种程度上来说，确定院校会影响考研的成败。院校选择相对普遍的三大影响因素：

一是院校层次。院校层次的高低在一定程度上决定了竞争难度的大小，也在很大程度上影响未来升学/工作的空间。层次越高的学校，能获得的学习资源、优势会越多，最直接的好处就是与硕士点对应的博士点数量多，这对以后在专业内想进一步发展的同学有很大的好处。同时要积极关注教育部最新的学科评估，因为它反映了一所学校的培养质量和研究生导师的学术水准。

二是地理位置。除了院校层次外，学校的地理位置也至关重要。正所谓近水楼台先得月，学校身处优秀的就业环境中，其学生毕业后的实习/就业也会有所保障。例如有些学生将来想在北、上、广、深发展，那在选择考研学校的时候，就可以有方向地去选择这些城市的学校，为未来的发展做铺垫。

三是报录比。即报名和录取的人数比例，它能直观地反映某个专业的热门程度。最好能和往年上岸的学长学姐沟通，了解情况。

当然，除了以上几大因素外，还有家庭距离、专业偏好、个人能力、抗压能力等因素，要结合自己的实际综合考虑。

（二）做好规划

一旦坚定了考研/考博的决心，规划就变得尤为重要，适合自己的规划更容易让人坚持执行，达到事半功倍的效果。备考计划是个性化的，每个人有不同的学习方法和学习节奏。备考计划同时也是共性化的，所有科目的备考都要经历"基础阶段—强化阶段—巩固阶段—冲刺阶段"四个阶段。

根据这四个阶段制定任务可以形成一个初步的备考计划，包括总计划、分期计划和每天计划。

总计划：从开始复习到考试之前，一共有多少时间，每本书要看多少遍。

分期计划：每本书的每一遍花多长时间看完，在什么时间段看完。

每天计划：每天各科复习参考书要看多少页。

三者缺一不可，每天的计划可以变动，但分期计划尽量不要拖延，否则复习进度的滞缓和延后，极易导致焦虑，引发迷茫。

（三）保持良好的心态

保持良好的心态是考研/考博取得成功的重要前提，它能让学生在备考迷茫中沉着应对各种困难。积极的情绪可以促进产生积极、高效的行为，那么该如何保持积极、稳定的情绪？

第一，保持乐观的心态。要坚信瓜熟蒂落、水到渠成，只要付出努力，总会有所收获，对结果的担忧不仅没用也没有必要，保持乐观的心态，把关注的焦点放到复习的技巧和效率上来，才是明智之举。

第二，做好情绪管理。感到压抑时，可以通过语言的暗示作用，来解除心理上的紧张状态，使消极情绪得到缓解。

第三，尊重生物钟。在复习中，有的同学不分昼夜地复习功课，作息不规律，身体长时期处于高负荷运转状态，导致学习效率低。人体存在相对稳定但可以改变的生物钟。一方面根据自己的复习安排及时对生物钟进行调整；另一方面要尊重作息规律，熟悉自己的生物节律和情绪周期，合理安排时间。

第四，保证充足的睡眠。每天睡眠不足，强打精神把自己控制在书桌前，烦躁、抑郁、焦虑、担忧等不良情绪也会如影随形，这会导致复习效率低，影响自信心。对于准备时间晚的同学，要合理安排时间，有效完成计划。保证充足的高质量的睡眠是取得好成绩的重要保证。

第五，养成良好的运动习惯。运动是一个极有效的驱除不良心情的自助手段。最好选择跑步、骑车、游泳等有氧运动，运动之后再洗个热水澡则效果更佳。如果在紧张的复习中这些活动难以进行，那么散步十分钟，或围着操场跑两圈，对克服坏心情也能起到立竿见影的效果。

三、导师选才标准

研究生教育在我国"人才强国""科教兴国"和"创新驱动发展"战略中占据着极其重要的地位，是培养高层次创新人才的主渠道。2013 年教育部发布的《关于深化研究生教育改革的意见》中明确提出"导师是研究生培养的第一责任人"，2018年教育部发布的《关于全面落实研究生导师立德树人职责的意见》中再次强调"导师是研究生培养第一责任人"。因此，政府部门大力推进，促使我国各高校抓紧落实导师是研究生教育第一责任人的制度，提升研究生的培养质量。第一责任人，即导师是研究生的第一序位管理者和培养人，学习上包括制订研究生培养计划、帮助拟订学习计划、指导科研活动和论文、培养其创新思维等；生活上包括对其思想的引领、心理的开导等；工作上包括就业创业的帮助指导；等等。这些举措无形中增加了导师的责任与压力。而严控生源质量，把握好研究生的准入门槛，是保证研究生培养质量的关键所在（王应密、叶丽融，2020）。因此，导师在招收硕士生/博士生时，必须严格把关。那么，什么样的硕士/博士候选人更具有创新创造的潜质，更具有大力培养的价值？导师更倾向于招收什么特质的学生呢？

（一）学术能力

学生的学术水平、基础知识都影响着导师指导学生以及科研开展的过程。学生的能力强、悟性高、基础扎实，学习新知识就更容易上手。导师主要将本科的成绩、排名、发表论文、参与项目以及老师推荐信作为判断学生学术能力的标准。清华大学材料科学与工程专业的教授冯庆玲提到选学生的条件有以下两点：一是毕业的大学必须是"211"；二是前三学年学习成绩位列专业前5%。这就提醒想要读研的学生，要想在研究生期间选择一个好学校、好专业和负责任的导师，在本科学习期间就要不断提升自己的能力，培养自己的学术潜力。

董泽芳等（2013）认为，发现问题的能力是指研究生能以敏锐的观察和预测从专业角度提出问题，并加以准确表述和界定的能力。发现问题的能力是研究生创新能力的前提。爱因斯坦说过，发现问题比解决问题更重要。发现问题是解决问题的前提，为解决问题提供潜在的可能。研究生只有善于发现既有研究中尚未解决的重要学术缺口，才能提出有价值的研究问题，而潜在的问题才有被改善的机会。提高研究生发现科研问题的能力，需要培养研究生对生活中的人、事、物的观察力，通过对相关文献的广泛阅读来发现潜在研究问题，培养研究生勇于创新的思维能力。

（二）学术热情

张宝生等（2021）研究发现学术激情对研究生的创造力具有显著的正向影响作用。在兴趣的引领下，研究生不仅不会以学术研究为苦，甚至能化苦为乐，积极性、创新性不断升高。刘微等人（2020）开展的关于大学生考研现状调研分析发现，55.17%的学生基于未来就业的考虑，认为本科毕业生已不具有竞争优势，想通过考研继续深造，获得更好的发展平台，从而提高自己的市场竞争力，将来更好就业，也就是说提升就业竞争力才是大学生考研的主要原因；34.87%的学生是因为热爱所学专业，想通过读研习得更多的知识，进而完善知识体系，提高能力。

学术兴趣和专业热情在科学研究中至关重要。导师通过什么方式考查学生的学术热情呢？一般来说，在复试中通过询问学生"为什么选择这个专业""本科期间是否参与过相关课题""什么时候可以进组学习"等问题，了解学生的学习热情和态度表现。除此之外，导师可能还会通过其他老师的推荐信进行判断。

提升研究生对科研探索的内在动机、对科研创新的兴趣与激情，有助于提高研究生的科研创造力。导师在招收硕士/博士研究生时，非常关注研究生对学术研究的内在兴趣，也特别想招收对学术研究真正有情怀的学生加入自己的科研团队。

（三）道德品行

学生的品德至关重要。在学术界，时常会听到"学术不端"的丑闻，对于想要在科研领域长期发展的人而言，这种行为相当于是被判了"死刑"。有的学生可能以后并不想在这个领域深造，也不顾及自己和导师的信誉和名声，做出一些违反学术诚信的事情。然而就算未来不进行学术研究，这种行为本身就是不道德的，对导师来说这种影响更是致命的。所以，在选择研究生时，首先注重的就是学生自身的道德品质。钱穆先生在《讲学札记》中言："学理学当能做人，学史学当能写史。"做学问成败之关键，最后决定于德性。

当下学术界和教育界存在种种学术不良行为，主要有"学术不端""学术失范"和"学术腐败"三种。其中，学术不端是指违反学术规范、学术道德的行为，国际上一般用来指捏造数据（fabrication）、篡改数据（falsification）和剽窃（plagiarism）三种行为。此外，一稿多投、侵占学术成果、伪造学术履历等行为也被视为"学术不端"。学术失范是因知识缺乏抑或学术不严谨而引起的学术失误行为，非故意为之。学术腐败是指凭借权力为自己谋求学术利益及其他利益的行为。

（四）身体健康

第四次全国科技工作者状况调查结果显示，52.3%的科技工作者自述患有慢性病，其中，自称患颈椎病或椎间盘病的比例最高占31.0%，其次是消化道疾病（8.0%）和高血压（5.9%）等。从亚健康水平看，科技工作者中，21.5%的人长期处于身体疲劳状态，

7.6%的人长期失眠。近年来，硕士/博士研究生招生规模逐年扩大，学历越高，毕业门槛越高，工作时间越长，工作强度越高。低身体素质的科研从业人员难以承受高工作强度，这也是近年来科研人员遭遇"过劳死"的重要因素。首先，作为科研人员需树立健康意识，加强身体锻炼。可以坚持"三三制"原则，即每周不少于 3 次运动、每次运动时间不少于 30 分钟，良好的运动习惯铸就健康的身体。其次，提高睡眠质量。健康的身体离不开健康的睡眠。有研究发现硕士研究生群体体育活动水平越高，其睡眠质量越好（李发新，2021）。还有研究发现，睡眠质量在研究生工作时间压力与心理健康之间起部分中介作用，也就是说工作时间压力越大，越影响睡眠质量，进而影响研究生心理健康。研究生科研时间投入并非越多越好。范皑皑等（2020）研究发现学术型硕士研究生科研时间投入与科研产出呈倒 U 型关系，人的时间不是无限资源，学习和工作投入的时间越多，休息和娱乐的时间就越少，疲劳作战只会形成无效投入。

综上可知，增强健康意识，开展适度的体育运动，不仅不会浪费时间，而且还会促进睡眠，促进心理健康，提高科研产出。在硕士/博士研究生复试时，导师比较关注学生的运动习惯，规律的运动习惯也是一个人自律的体现。

（五）心理健康

研究生的心理健康问题日益严峻，已经成为全球研究生教育领域亟须解决的重要难题。2022 年 *Nature* 杂志面向全球硕士/博士研究生进行满意度调查，发现硕士/博士研究生主要承受着三大挑战：多重任务要求的压力、难以平衡的工作与生活、焦虑或抑郁困扰。41%的受访者表示，难以维系好工作和生活的平衡。1/3 的受访者表示，他们曾因学业导致的焦虑或抑郁而进行治疗。另有 21%的人表示他们希望得到帮助，但尚未得到帮助（Woolston C.，2022）。《中国国民心理健康发展报告 2019—2020》对中国科学院大学的 12 723 名研究生进行调查，结果发现，35.5%的研究生存在不同程度的抑郁状态，60.1%的研究生存在不同程度的焦虑问题。开启硕士/博士学位提升之旅，需要先修炼坚韧的品格和良好的心理调适能力，否则恐难胜任硕士/博士期间的高压工作。因此，在研究生面试时，导师非常关心学生的心理健康状态。

四、如何选择导师

导师制是当前我国研究生培养的主要方式，在我国研究生教育中具有基础性作用。从以学习知识为主的本科生转型为以学习研究为主的硕士生，无论是学习内容还是学习方式都存在着极大的差异，而导师将是引领学生完成角色转变、顺利将其带至学术殿堂的关键人物。导师与学生整个研究生阶段的学习、生活、就业等都关系紧密，选择什么样的导师，可能在一定意义上决定了你的研究生生涯会怎样度过，以及能不能在毕业的时候达到自己的预期。学生会从什么角度考虑选择最适合自己的导师呢？

（一）导师资源

好的导师需要有足够的资源支持研究生的科研和学习。有可能是基金支持，也有可能是必要的设备和仪器，又或者是人脉关系、合理的职业生涯发展规划等，这些都可以为研究生的科研工作和未来发展提供强有力的保障和支持。

一般来讲，头衔越高，拥有的资源越多。导师的职称一般分为教授、副教授、讲师，从资源角度来讲，教授＞副教授＞讲师，博士生导师＞硕士生导师。

如果同学们有读博的打算，并且想要在报考专业方向继续发展，那么有必要关注一下导师是否同时也是博士生导师，为以后做好打算。

（二）健康

健康不仅是身体层面，还应包括心理健康。生理上，不论是导师还是学生，健康的体魄是最基本的。此外，心理健康的重要性也不容小觑。研究生和导师在学术研究过程中常常会面临各种压力，如科研项目的截止日期、发表论文的压力、实验结果的不确定性等。这些压力如果长期积累，可能会对心理健康产生不良影响。面对高压的工作环境和心理困扰，导师和学生需要相互支持、共同努力，以实现身心健康与学术进步的双赢。

（三）带教风格

我们常说因材施教，要根据学生不同的个性特征，采用不同的教学策略。从宏观层面讲，优秀的导师不论面对什么样的学生，都应该向他们提供指导和思路，只是具体的指导方法可能存在差异。对于刚开始做科研的"小白"学生而言，导师可以为他们提供如何快速适应科研生活的方法；对于遇到瓶颈的学生，导师可以提供"破冰"意见；对于将要毕业的学生，还可以提供实际的职业指导。从学生的角度看，与这样的导师共事，会起到事半功倍的效果，从而在整个科研生涯中取得巨大的进步与提升。导师采取灵活的监督方式匹配学生不同阶段的需求是十分重要的。随着研究生涯的发展，研究生的需求是不断变化的，那么导师的监督指导也要随之变化，否则就会对双方产生不利的影响。

（四）德行

对研究生而言，导师是第一责任人。教育部先后发布了各类立德树人的指导意见，从政策和思想层面提高大众对师德的认知。导师为学生立德，树立的不仅仅是科研人应有的诚信、严谨，更重要的是树立个人的美德。"不能正其身，如正人何"，充分说明教师以身作则、言传身教的重要性。导师对于科研的态度、工作习惯、言谈举止等，无一不影响着学生的行为。

（五）评估自身实力

导师和学生是一个双向选择的关系，学生在挑选导师的时候，导师也在寻找优秀、适合他们的学生。而这种评估，往往是综合学生的初试成绩、科研经历、实践经历、获奖经历以及综合素质等进行考虑。研究生初试成绩在整个研究生成绩评定中占比 50%～60%。同学们在选择导师的时候，要评估好自己的实力，如果在初试成绩不够理想、复试也没有把握的情况下，可以稍微降低一点标准，避免与其他更优秀的同学竞争同一位导师。初试成绩在前 15% 左右的同学可以选择 1~2 位教授进行自荐；初试成绩在前 40% 左右的同学，建议选择 1~2 位副教授或者 1 位教授、1 位副教授进行自荐；其他同学考虑 2~3 位副教授或讲师进行自荐。

【小贴士】

如何联系导师？

对要选什么类型的导师有个大致的想法以后，就需要获得所在专业方向的各位老师的信息，根据信息选择合适的老师，然后采取恰当的方式与老师进行联系。

发邮件：邮件内容首先要谦逊礼貌，先介绍自己的基本情况，再表明对老师的研究方向以及科研成果感兴趣，并且有一定的了解，最后表明自己想成为其门下弟子的态度，礼貌询问导师有没有招生名额。

打电话、发短信：这是比较直接的联系方式，不用长篇大论，需要简洁精练。一定要注重礼貌，简单地介绍自己的基本情况并说明来意，然后介绍自己的学习经历。

直接到导师办公室：准备好简历，真诚地和老师交流。

五、准研究生如何衔接

"准硕士生"是指通过国家统招、保送或其他方式获得硕士研究生入学资格，但未正式进入研究生培养体系的群体。相比于较为充实的本科和硕士阶段的学习生活，准硕士生完成本科阶段学位论文后，在硕士研究生入学前存在一段时间的"空档期"。这段时间学习生活的自主性更强，可利用性更高，因而其度过方式也更加多元化。有研究显示，部分高校硕士新生无法较快适应研究生的学习生活。因此，要提前了解硕士研究生的学习和生活状态，理解本科学习和硕士学习的差异性，并在这个过程中认识到自身的优势和不足，有的放矢地进行"空档期"的学业准备。

研究生阶段与本科阶段的教育特点不同。本科教育的主要方式是传授知识，其目的是实现高等教育的普及化，着重点在于教；而研究生教育的目的是培养专业领域的顶尖人才，着重点在于创新。进入研究生学习阶段后，除了要上课学习专业知识外还需要逐步接触自己的研究课题，进行一些初步的研究与实验。课题与研究的双重压力，往往会让学生手足无措。研究生阶段涉及专业领域最前沿的技术，知识难度增加，容易让学生产生挫败感，尤其是刚接触研究生学习的同学，还没有适应研究生学习方式和内容的改变，容易产生心理上的无力感。因此，研究生生活的适应相对本科生活而言会更难以应对。从收到录取通知的时候，就应该做好研究生生活的适应准备。

【典型案例】

初入实验室

终于考上了研究生，也选上了自己心仪的导师，一件人生大事终于尘埃落定。本以为考上研究生以后可以放松一下，好好准备毕业论文。然而，导师特别负责任，在成功录取之后，老师就开始给我分配任务，让我跟着师兄师姐们每周汇报一篇外文文献，同时带我参加小组视频会议。几次下来，我有点慌了，看到师兄师姐们跟导师侃侃而谈，觉得自己什么都听不懂，而且似乎跟我所想象的专业学习方向相距甚远，突然完全不感兴趣。一想到如果未来几年的研究生学习生活都是这样的模式，我觉得自己肯定扛不过来，太难了！导师安排任务的压力让我十分焦虑和恐慌，很担心自己到最后什么事情都没有做好。考研，我是不是选错了？

（一）研究生阶段即将面临的转变

研究生作为一个新的学习阶段，初入其中的学生感到压力大、疲惫都很正常，这是一个不断摸索的时期。要学会释放自己的压力，提前做好学习、心理上的准备，平衡好学习、研究与生活。作为准研究生，要面对以下三个方面的挑战：

1. 理想状态与现实情况的冲突

不少同学在进入研究生阶段之前对研究生生活充满着无限幻想，入学之前意气风发，然而经过一段时间的学习才发现，现实的研究生生活状况跟理想状况相距甚远。比如，读研之前不少同学都会以为研究生主要就是做研究，只需要每天看看文献，做做实验就可以，会认为研究生的课程安排比较少，一个星期也就三四节课而已。然而，除了一些专业课和公共课，还要进行自主学习，比如组会汇报、文献汇报等都需要花费大量时间来准备。除此之外，在进入研究生阶段之后，刚开始接触的科研主要以导师当前的课题为主，可能跟自己感兴趣的方向并不一致，这也会打击到一些同学的积极性。

2. 学习方向和学习方式的转变

很多学生怀揣成为研究生的梦想，努力了一年才顺利上岸。然而成为研究生之后，才发现所学习的内容和大学有着本质的区别，有了质的飞跃。如果是跨专业的研究生，学习难度就更大了。不少研究生正面临着巨大的压力，甚至有厌学的表现，对未来的学习之路和就业之路更加迷茫。尽管研究生扩招，但导师收的学生还是有限的，这就决定了研究生特殊的学习、生活模式——以少数人甚至个体为主。到了研究生阶段，学习观念和学习方式发生根本性的转变，从接受式的学习方式到创造性的学习方式。这种学习方式，需要主动学习的意识和独立学习的能力。

3. 承认差距，消除自卑

人的智力、悟性、基础都是有差异的，承认差距不是认输。对于部分来自非重点院校的学生、来自农村的学生，要摒弃自卑心理，发挥自己本科阶段的优势。现在同学间的起点都一样，有些差距是可以消除的，有些是可以从其他方面补偿的。明白了差距，就要尽快想办法看齐。目标明确，持之以恒，一步一个脚印，踏踏实实，一定会达到自己的目标。

（二）如何适应新的学习模式

1. 调整心态，静心分析

对于很多准研究生而言，最初了解到研究生的学习模式时可能会产生无力感和压力感。你可以尝试停下忙碌的脚步，好好想一下当前面对的困难是什么？找到压力的来源，好好调整。与导师积极沟通，诉说自己的苦恼，导师的经验之谈或许能让你豁然开朗！

2. 尝试着和师兄师姐建立和谐良好的同门关系

在未来的日子里，少不了需要同门的帮忙与解疑。好的同门关系是未来研究生前进道路上重要的支持。因此，多与师兄师姐沟通，向他们请教成功适应研究生生活的经验，帮助我们更快进入研究生的学习状态。

3. 提前了解专业学习内容

在过渡阶段，多了解和熟悉专业期刊，并定期浏览，有目的、有计划地选读几本重要的专业书籍，熟悉自己专业领域的知识，帮助我们更好地适应研究生阶段的学习和生活。

4. 建立新的学习模式

刚刚接触研究生阶段的学习模式，可能会让我们手足无措，感觉到很疲惫。不要在学习上给自己设立太高的研究目标，在学习过程中找不到解决问题的方法时，不要自己死磕，多与老师和同学沟通，合理制订学习计划，做好时间管理。

（三）撰写研究计划书

一份高质量的研究计划可以看出申请者的学术科研潜力、逻辑思维能力、文字功底以及研究的态度。在申请者其他硬性条件相差不大的情况下，研究计划就会成为筛选时考量的重要指标。部分学校要求学生在申请硕士和博士研究生时提供研究计划书，以此确定候选人的研究兴趣和过去的经验是否适合。

一个好的研究计划应包含所有研究过程中的关键步骤，同时，也要给读者足够的信息来评估这个拟定的研究本身质量如何。不论研究领域和研究方法如何选择，所有的研究计划都必须解决以下问题：你打算完成什么，为什么你要做这件事，以及你打算怎样去完成它。研究计划书至少应包括下列内容：

1. 题目

研究计划的选题除了考量自己的兴趣之外，更重要的是要了解这些题目或方向目前已有的研究成果，再研判是否尚有开发议题的可能性。同时，应积极了解导师的专业领域与研究方向，研究计划最好能够和指导老师的专长相符合。最后，确定的题目应简明扼要，清晰表述自己的研究特色和学术思想。

2. 研究背景和意义

背景：尝试着把你的研究问题放到当前的热门领域，或是一个陈旧但依然可行的领域。你需要提供一个简要而适当的历史背景。另外，还要提供该问题的当下背景。提出的研究问题应该是关注的焦点，并且参考密切相关和最具代表性的论文。总之，应将研究课题放到一个大的背景下，但同时体现出其重要性。

意义：本研究对于该领域有什么意义？在应用上有哪些意义？在理论基础上有哪些意义？要做到这一点需要发散性思维以及丰富的知识储备。

3. 拟研究的问题和研究目的

研究目标的撰写是明确研究方向与预期成果的关键步骤。在撰写时，应聚焦于研究旨在解决的具体问题、预期达到的理论贡献或实践应用价值。目标设定需具有明确性、可衡量性和可达性，同时紧密结合研究领域的前沿动态与实际需求。

4. 研究基础和研究优势

研究基础：什么样的研究基础能让你的研究优势显现出来？研究优势：如何全面整合你的研究优势？

5. 本研究可能取得的创新和突破

创新点是课题研究的核心价值所在，体现了研究的独特贡献与新颖之处。撰写时，应清晰阐述所做研究与现有研究的区别与超越，明确指出所做研究在理论、方法或实践应用上的创新之处。

6. 研究拟采取的方法和理论框架

课题研究内容的撰写是细化研究蓝图的过程，需围绕研究目标展开，具体阐述研究将涵盖哪些方面、采用何种方法以及如何进行数据收集与分析。内容设计应全面而深入，既包含基础理论的梳理，也涉及实践应用的探索。

理论框架：根据研究问题组织理论框架。利用已有的理论对研究中各概念或变量间的相互关系做说明，该理论则为该研究的理论框架。

7. 本研究预期的成果

研究成果要与预期目标相吻合，成果要有力度、有数量，更要有质量。

8. 研究的日程安排

将研究过程划分为若干个紧密相连、逻辑清晰的阶段，并为每个阶段设定明确的时间节点，并详细列出每个阶段的主要任务和预期成果。

9. 参考文献

参考文献格式要规范，且所选取的文献应该属于研究中所参阅的主要文献，能够表明研究者所运用的理论范畴。

【小贴士】

如何高效管理时间？

制订计划。每周开始前，花些时间思考本周要完成的任务。将任务按照重要性和紧急性进行分类，优先处理重要且紧急的任务。可以利用电脑上的便签来记录自己想要做的事，这样每天打开电脑就会知道自己哪些没做、哪些做了，一目了然，激发自己的动力。

合理分配时间。为每个任务设定一个合理的时间范围，避免过度投入某一任务。使用番茄工作法或其他时间管理工具可以帮助你更好地管理时间。这些工具可以记录你花费在每个任务上的时间，方便进行回顾和调整。

避免多任务处理。尽量一次只做一件事。多任务处理往往会导致效率低下，甚至可能影响工作质量。学会合理拒绝不必要的任务或活动，确保有足够的时间和精力完成核心任务。

保持专注。创造一个有利于集中注意力的环境。关闭手机通知，选择一个安静的工作场所，或者使用专注 App，专注于当前任务，避免分心。

适当休息。长时间工作会导致疲劳和效率下降。每隔一段时间，起身活动一下，放松一下身心。适当的休息有助于提高工作效率和创造力。此外，合理安排休息时间可以帮助你更好地应对压力和疲劳。

学会说"不"。当你的时间已经安排满时，要学会拒绝其他不重要的任务或活动。不要害怕向导师或同学表达你的实际情况，要让他们了解你的工作负荷和优先事项，这样可以避免过度承诺和压力过大。

第二节　入学适应阶段

从大学本科步入研究生这个全新的学习阶段，不仅仅是一种身份的转变，更面临着培养模式、评价体系、学习方法等诸多方面的变化。对于部分研究生新生而言，快节奏、高压力的学习氛围让他们一时难以适应，学业的压力也成为目前研究生入学适应过程中比较显著的问题之一。研究生到了新的环境必须面对全新的交际圈，人群的变化甚至是简单的生活方式的改变都会给研究生的入学适应带来困扰。读研之前，每个人都会对新生活产生不同预期。但由于信息不对称或其他原因导致预期出现偏差，造成他们在读研后出现失望和落差。

考上了研究生，也要保持一颗平常心。只有通过自己不断努力，不断升华自己的理想，提高自身素质，才能为迈向更高的人生境界打下基础。大多数同学，如果在研究生期间刻苦学习，生活充实，心情愉悦，积极向上，那么几年下来，可能会在学业上取得很大的进步，发现自己的科研兴趣，发展特长技能，发表学术论文，顺利毕业并获得学位，找到称心的工作。

一、如何开启高质量研究生生活

【典型案例】

入学后的迷茫

读研两个月了，但还是没有找到一点读研的感觉。跟本科相比，时间更充裕了，但生活反而更空虚了，胸中空有满腔抱负却不知如何实现。比如说想学个软件，但学了半个月就没什么动力了，想好好学一学英语，但总感觉提不起劲，没有考研那会儿的斗志了，想做做科研吧，但不知从何处着手，连当下自己的研究方向都不清楚，何谈学术。两个月过去了，总感觉心里空荡荡的，很不踏实，不想这三年时间就这样慢慢流逝而自己碌碌无为，好想尽快从这种状态中走出来。

进入研究生阶段，将会面临一个全新的领域，从一个小白做起。如何快速入门、顺利开展科研工作、完成研究生阶段的学习，新入学的过渡阶段显得十分重要。不同于本科阶段，研究生除了学习理论知识外，还要做科研项目，参加学术会议，做实验，撰写学术论文等，可能会面临期待落空后的失望、迷茫。如果决定读博，就意味着要搭上三五年或者更长时间的成本，毕业之后，还是一样要面临找工作的压力，面临初入社会的恐慌。你会发现，已经走上了工作岗位的同学们比你更游刃有余。此外，研究生还会面临家庭、学习、工作方面的冲突。那么，面对挑战，如何做到快速适应？

（一）明确攻读学位的初衷

攻读研究生学位的初衷是什么？现在对于攻读研究生学位有无新的认识？首先必须确信攻读学位对你而言是非常重要的。此外，还必须了解获得研究生学位所必需的素质和需要付出的各种成本，并且确信自己能够以足够的热情、决心和动力，有始有终地取得学位证书。在此过程中，求学者需要一个外部的支持系统来帮助他们完成学业，这种支持不仅包括学术上的指导，还包括精神上的支持。

以下原因可能会使我们放弃研究，如研究信息有明显缺陷、研究所立足的假设有明显错误，或者求学者的生活发生了不能继续学业的变化。然而，就前一种情况而言，可以选择重新选题或改变研究方法；就后一种情况而言，则可以选择延迟完成学业。也就是说，没有什么原因能够真正导致我们放弃学业。的确也有一些人学业失败，但如果很认真地读书、做学问，那么遭遇如此不幸的可能性就会大大减少。每一位开始攻读学位的人，应该认真拟定研究课题和研究计划并学习相关课程和研究方法，这些对顺利完成学业大有裨益。

（二）发展独立解决问题的能力

高效做事，培养技能是关键。包括学习专业知识、实验操作技术、数据分析、论文撰写等。在研究生阶段，培养良好的学习方式是至关重要的。首先，保证学习的积极性，学习与实践相结合，寻求机会将理论应用于实践中。在该过程中，可能会发现自己学习方式上的不足，应及时调整，做出改进。其次，与同门或导师多交流，从他人的实践经历中获得感悟。常常反思在学习、科研以及生活中的不足之处。培养学习意识，提高学习效率，实现各方面技能的改善与提升。

（三）善用一切可以利用的资源

建立研究工作支持系统或网络，善用一切可能的资源发展与同学及导师的关系，获得同学及导师的帮助。研究生阶段的主要负责人是导师，与导师交往的程度直接影响着研究生的生活质量和科研进展。当前研究生招生规模的不断扩大引发了师生关系的变化，研究生和导师开始由传统的师生关系转变为"雇佣关系""师徒关系"等多种类型关系。当研究生与导师在个性差异、学术方向、角色定位和工作责任等方面发生冲突矛盾时，要及时、有效地进行沟通。通过沟通，导师和学生能够互相了解彼此的需求、期望和想法，从而避免误解，增强合作。与同门和其他同学的交往也是如此，发生矛盾冲突后要进行及时、有效的沟通。

（四）平衡研究工作与生活、家庭、社会之间的关系

平衡好研究工作和生活、家庭、社会之间的关系，在矛盾中寻求平衡。本科生常常困惑于如何平衡学习与社团活动，作为研究生，常常会面临科研工作与生活、家庭、社会之间的平衡问题。良性的平衡会使研究生顺利度过读研阶段，偏向某一方面常常会带来极端问题。例如将科研视作生活的全部，那么研究的顺利与否会直接影响心态。应该认真考虑生活、工作和学习三者之间的关系，协调好这三方面的需求，避免这种冲突对学习造成的影响。

1. 快研究，慢生活

努力工作，高效工作，并不意味着牺牲所有的娱乐和生活而过度工作。关爱自己，保持身体健康、精神振奋、心情舒畅的状态，提醒自己"工作不是生活的全部"，可以投身于爱好中，或者去陪陪所爱的人，或者去探究新奇事物。很多研究生在科研中想着结束了去哪里放松一下，玩的时候又想着研究还没完成。这种方式不仅影响效率，而且影响生活质量。做到"快研究"，即在研究前做好充足的准备工作，用一天精力最旺盛的时间做精细重要的研究工作，保证专注度，提高研究效率。所谓"慢生活"就是在走出研究室后，就要接地气，享受生活，吃一顿大餐、看一处风景或者和几个好友聊聊天等，抓住每一个空闲时间段去尽情享受生活的美好。把工作和生活分开，并维持这一界限，很有必要。

2. 寻找平衡

如何在专业追求与个人幸福之间找到一个合理的平衡点？许多研究生都发现他们的研究工作和他们的家庭生活、工作是有冲突的，因此，务必把这些因素考虑进去，衡量一下各方面的利弊。这需要放松心情，履行各种承诺，即承担各方面的角色应做的工作。每个人所处的环境都是不同的，所以处理生活、工作、研究的交错地带的方式也会有所不同。尽可能地培养自己在各方面的技能，对研究工作、技能培养、娱乐等做一份周密的安排。

3. 生活需要仪式感

进实验室之前告诉自己：我要开始做实验了，今天是重要的一天。进家门前，微笑着对自己说：我回家了，好久没见到父母了。很多研究生将科研作为自己的生活，已经磋磨到没有了生活的激情与仪式感。要多与父母、朋友、恋人进行沟通交流，让他们了解自己的研究生生活方式以及面临的困难。

4. 合理安排时间

科研本身就是一件耗时耗力的事情，同时研究生还要顾及家庭和社会关系。因此，合理安排时间显得极为重要。在不同的阶段，需要制订相应计划，合理安排时间，才能保证一切事务有条不紊地进行，切忌事情到了截止日期前再去做。提前规划，早日着手去做，可以保证高效、高质量完成各项任务。做一个工作列表，列出每天或每周的主要研究任务，如整理问题、文献搜集、统计数据等，或者常规性活动，如检查实验用品、监控实验过程等。

5. 做事有条理

把所有需要做的事情都记在脑子里是不可能的，将要做的事按时间顺序列在记事本上。把研究计划作为一个整体和周期考虑，时间的安排可分为长期安排和短期安排，对应长期目标和短期目标。研究生的长期目标可包括发表学术论文、撰写学位论文、参加学术活动等。长期安排为研究生明确了大方向、总方针，实现长期目标最有效的方法是化整为零，制定具体实际的短期目标，逐一实现。建议研究生记录每月或每周的研究进展，定期进行总结分析，可能会有不一样的想法。

（五）如何应对科研"迷茫"

【典型案例】

是不是选错了路？

小文，博三，从小就崇拜科学家，对科研有无限的向往，硕士毕业的时候，找到一份还不错的工作，但她心里还是有科研梦，别人都很奇怪，问她有那么好的平台和待遇为啥还要读博。她不是没有犹豫过，她也动摇过，但她想要挑战一下自己。现在学完了博士课程，还没有发表文章，对于博士期间做什么也没有明确的想法，心里也挺着急的。最近她一直在想，自己到底适不适合做科研？要不要放弃继续读博士？

小文怀揣科研梦考上博士，然而博士阶段的科研让小文感到十分不适应，特别是当自己的科研课题进展缓慢时，更加怀疑自己。曾经的科研梦和现在的迷茫让小文不知所措，而这样的迷茫很大一部分来自小文对自我认知的不确定性。

只有正确认识自己，才能确立自我发展的方向，实实在在地把握现在。小文对于博士期间做什么没有想法，动摇了科研的初心，怀疑自己并不适合做研究，这是因为小文对自己的学业能力没有进行客观准确的评估，在遇到挫折后，很容易将结果归因于自己能力不行，从而产生自我怀疑。心理学中个体对自我的认知有一个重要的概念——自我意识，它是指个人对自己多方面的综合看法，包括个人对自己的需要、兴趣、性格及能力的认识，个人在目标与理想的追求中所获得的成败经验，以及对自己肯定或否定的评价。自我意识存在的各种矛盾、冲突和偏差，是引发研究生各种心理问题及关乎学业成败的关键因素之一。例如，小文自我意识中的"现实自我"和"理想自我"存在极大的偏差，理想中的自我应该是像成功的科学家一样游刃有余，而现实的自我却屡屡受挫，这样的差距让小文难以接受，从而产生疑惑、迷茫的情绪。

1. 明确自我定位

在研究过程中，几乎每个人都经历过挫败和自我怀疑。遇到困惑时，可以尝试着重新评估自己的学术能力，可以通过老师的建议、同学的评价、以往的学习能力等对自我进行评价，避免以偏概全、过分概括等错误的认知。在对自我进行评价时，要找准自己在新的学习阶段的定位，脚踏实地，从自己的实际出发，确定符合自身学习水平的目标。除此之外，在客观而正确认识自我的基础上还应学会悦纳自己。只有悦纳自我，才会不以消极的态度否定自己，逃避现实；只有悦纳自我，才能产生一种愉悦感、价值感、成功感和自豪感；只有悦纳自我，才能更坦然地接受自己的不足，以更积极的态度面对研究生生活，对未来充满憧憬。

2. 立足自我，强化长板

立足自我，找到长处，培养优势。每个人都有属于自己的天赋，找到自己的天赋，往往能让我们找到自己的定位。当然即便有天赋，也需要长期训练，才能让潜在优势转变为竞争优势。要学会安定自己的内心，静心做好手头的事情，目光放得长远一些。要相信自己做的每一项选择都是正确的，加强自己技能的熟练度，以便在这一方面更好地展现自我。任何高手的成长都会经历瓶颈期，在瓶颈期，不要轻易选择放弃，坚持下来，找到自己努力的方向，假以时日，就会脱颖而出。

3. 加强师生交流

一旦在迷茫中不知所措，应该及时主动与导师、同门及同学交流，寻求帮助。在与导师交流的过程中，会知道要做什么？为什么做？意义是什么？从而快速了解自己所选研究方向的目的、内容以及意义，为自己的科研工作奠定基础，指明方向。即使现在迷茫、孤独、艰难，但只要把握住了时间，认真做事情，在自己的能力范围内做到最好。那么，这段时光就不会是蹉跎，而是享受。方向在前进中调整，理想在坚韧中接近。即使有再多的不如意，也切莫停下拼搏的脚步，优秀的科研成果都是脚踏实地、一步一步得来的，没有捷径可言。科学研究需要把每一个想法落到实处，切忌眼高手低、畏难退缩。保持良好的心态，脚踏实地地去做，使自己的科研生活变得更加顺利。

二、如何处理导学关系

导学矛盾是近年来多数研究生遇到的主要问题之一，也是研究生来访者进行心理咨询的重要主题之一。我们经常听到有学生说，导师对他们期望高、要求高，感到压力很大，也有很多学生说他们的导师没有项目，没有方向，对他们不关心、不指导，感觉读研究生纯粹是浪费时间。还有的学生认为老师私心太重，损人利己，完全不顾学生的利益。有学生说因为停电没有按时到实验室去，被导师骂；有学生说与导师沟通，通过邮件说明自己的想法和焦虑，导师回复说无法理解；还有学生说，完成了导师课题组的任务以后，希望做自己的事情，导师也不允许，凭什么？同时，我们也经常听到不少导师抱怨某些学生基础差、能力差、态度差，不尊重老师，不遵守规则，不顾全大局，不努力学习。很多学生不想搞科研，只想去找实习、找工作、谈朋友、混日子、混文凭。因此，师生之间经常出现争执、冷战等冲突。有的学生一再拖延、消极怠工甚至以伤害自己等各种手段来威胁导师，或者要求换导师，让一些导师苦不堪言。

【典型案例】

导师为何不要我了？

王某，28岁，某211大学博一。入学前导师派他去上海某研究所学习专业技术，学生学习结束返校后，并没有掌握相关技术，反而有很多关于技术的问题，多次向导师提出问题希望得到解答。然而，导师对此技术也并不熟悉，本希望该生在研究所学习后回来给导师及课题组同学讲解传授技术知识，因此，面对学生多次在课题组上提出与该技术相关的问题，导师答不上来，也很火大。学生认为老师不能回答自己的问题，还经常对自己发火，觉得很委屈；导师期待学生能攻克技术，学会后给课题组成员汇报分享，而学生缺乏实战经验，还没有完全掌握该技术，因此相互不满意。后来，导师提出建议他换导师，学生十分委屈："这到底怎么回事？我该怎么办啊？"

（一）导师的指导风格

学生和导师之间的矛盾和冲突，很多时候都与双方的差异相关。比如：在学术上，导师需要完成学校的考核指标，需要尽快完成各项课题，推出高质量的成果。而学生往往把能毕业和找工作当成研究生阶段最大的目标，难以站在导师的角度去想问题、做事情，往往目标不高、动力不足。在学习能力上，导师的研究能力显然要高出学生很多，这会使导师因部分学生在写作、研究方面的低能力而着急上火。在管理上，导师要求学生无条件服从，从而获得师道尊严、对整个团队的掌控感和对工作任务按时推进的节奏感，而现在的学生普遍崇尚自由自主，不喜欢被人约束和控制。在经费上，导师需要考虑整个团队的情况，科研经费、项目经费等都需要统筹考虑，而学生把生存和发展放在第一位，经常说导师小气、苛刻、压榨等。除了双方的差异外，导师的指导风格也显著影响到导学关系。有学者根据情境领导模型，将导学关系类型划分为"命令型""合作型"和"松散型"。

1. 命令型导学关系

命令型导学关系，是指导师日常管理严苛，常常给学生布置大量的工作和任务，要求在一定期限内完成，并且以指挥的形式进行交流。他们的日常交流内容仅限于课题和项目，师生关系异化为资本关系，较少涉及学生的思想和日常生活领域，进而造成导师和研究生关系十分疏远和陌生。有些导师把自己的研究生作为廉价劳动力任意支配和使用。调查结果显示，有 27.8% 的学生认为导师与自己是老板与雇员的关系，有相当大比例的学生充当了为导师打工的角色。这样的关系在学生一方往往被定义为"压榨"。研究生们认为回报是有限的，这也是他们对导师产生不满、导学关系出现问题的最关键原因之一。时间与精力的付出不仅没有获得肯定和赞赏，甚至连基本的报酬也微乎其微。但是在导师眼中，严厉是负责的表现，他们希望在未来能够获得学生的理解，即使没有获得理解，也希望学生至少能够学有所获。

导师和学生仅从自身角度进行考虑，不仅产生了许多隔阂，也给身心带来伤害。有研究表明，这种导学关系模式多集中在理工科中，并且导师多为中青年教师。形成这种模式的原因有两方面。首先，理工科研究具有较强的团队性，其学科特点是在实验室空间中进行研究；导师是提供空间平台、物质资本和研究思想的领导者，研究生仰仗导师的物质条件和学术指导，这种有形和无形的依赖本质上是对资源的需求。这种不对等的身份，从深层次上塑造着导学关系。其次，中青年导师压力较大。调查显示此类模式多出现在 40 岁以下的导师中，他们面临着职称压力、考核压力、经济压力等等。在此年龄阶段，沉重的经济压力和教学科研工作所带来的挑战使得他们面临职业压力高度膨胀的困境，在时间紧、任务重、压力大的状态下，不得不在提高要求的同时减少接触，从而表现出命令式的导学关系。这种模式下培养出来的学生，可能在走向社会时不善于质疑和反思，过于顺从，阻碍自身创新能力的发展。

2. 合作型导学关系

合作型导学关系，又称为支持型导学关系，基于学术共同体的理念，是以学术共生为基础、以学术共情为纽带、以学术共进为目标的师生交往关系。在这种关系中，导师和研究生以平等的主体身份进行交往。一方面，导师以自己渊博的学识、强烈的学术使命感、坚毅的学术品质感染学生；另一方面，学生在平等、民主、开放、友好的师生关系中，获得学术生活的尊严感和价值感，从而培养学术素养和学术志趣。青年导师在教育教学活动中，并不过分追求即时利益和绝对效率，不把学生当成只需要被动接受任务的"工具人"，重视学生的人格塑造。正所谓"亲其师，信其道"，情感认同是价值认同的前提和基础。开启学术人生的"小白"们，学术志趣的确证、学术能力的提升、学术理想的坚定、学术意志的磨砺、学术成果的产出，都离不开导师的引领和形塑。因此，亦师亦友的导学关系，无疑是开启高质量学术人生的重要前提。这种支持型导学关系的形成依赖于导师个人魅力、自我修炼、研究生的学术追求以及导师与研究生之间的良好匹配。当导师极具人格魅力，并且能够因人而异、因时而异对学生进行指导时，研究生与导师的交流可能就更多，关系也就更加融洽。

3. 松散型导学关系

松散型导学关系是指不管在学术指导还是生活交流方面，师生双方的行事原则都可以称为"互不干涉"，从而导致师生之间联系松散，彼此了解甚微，甚至会造成一种陌生的感觉，因此有人将这种关系称为导学关系"名存实亡"。这种现象在当前越来越普遍，会导致许多不良后果，例如研究生的学术能力发展差、科研产出不足、负面情绪频发等，难以达到毕业要求。但与研究生感知不同的是，导师并不会对此关系有否定的态度。从形式上看，导师认为他们已经完成了教育学生的责任，例如在入学、开题、答辩等重要环节都给予一定指导。从实质上看，导师认为其对研究生的教育方式更多的是探索式，给学生一定的自主权。造成这类关系的原因有两重因素。客观上，许多松散型导师都会兼职一定的行政职务，这些负担行政事务的导师经常没有足够的时间指导研究生。并且，导师与研究生的交流一般是预约机制，但是行政事务常常是临时和紧急的，因此指导工作不得不让位于行政工作。从主观方面而言，是对研究生培养的差异化认知所导致的。当前的研究生有许多是跨专业的学生，这类学生根基不稳、缺乏主动性。这种在专业理论基础知识积累上的差异，使得与同专业同学相比，他们对导师的授课内容、教学模式有着不同的需求与期望，对导学关系有更多的期待。但是从导师的角度讲，他们认为自己扮演的是"引路人"的角色，导师要做的是有问必答，而不是无问自答。

（二）构建和谐的导学关系

研究生教育与本科生教育和义务教育不同，其最特殊的地方是对研究生的管理制度为导师负责制，即研究生在读期间任何事务都由导师负责。导师对学生的发展有着重要影响。导师是研究生学术上的引路人，研究生的学习和科研成绩如何，很大程度上依赖于导师的指导。2024 年 *Nature* 杂志一项研究对美国 142 所院校 2161 名硕士生和博士生进行调查，研究发现，导师过度严厉的批评甚至责骂以及对学生抱有不切实际的期望是研究工作中对学生心理健康最有害的因素之一。这种负面强化会增加学生的心理负担，导致焦虑情绪加剧。例如，许多研究生在面对导师的不合理要求和频繁批评时，会感到巨大的压力，进而对自身能力产生怀疑，陷入焦虑和抑郁的情绪中。研究生要善于和导师建立亲密关系，在学习和科研中学习导师的专业态度，感受导师的专业素养，学习导师的专业精神，导师也要用自己的德行、能力言传身教，促进研究生全方面发展。

1. 作为导师，可以从以下三个方面进行指导

（1）尊重关爱学生，给予学生全方位的指导和帮助。导师作为研究生在学校学习、科研、职业规划等方面的向导，对研究生的专业技能、为人处世都起到至关重要的作用。因此，导师在指导学生的过程中，不能只专注学术能力的培养，也要注意对研究生心理品质、社会品德、价值观的引导，帮助学生全方面发展。同时，导师应谨记学生不是老师的附庸，他们有自己独立的人格，需要给予尊重，而不是一味强调听话、服从。

（2）全面了解学生，有针对性地分配任务和给予指导。了解学生是避免导学冲突的重要前提。导师可以在全面了解学生的基础之上分配相应任务，有针对性地给予指导和帮助。每个学生的性格特征、学习目标、擅长的领域、优势和短板、面临的困难以及需要导师给予的支持等都不太一样。要结合研究生的性格特长、未来规划和学术功底，有针对性地安排不同的研究方向。通过深度聊天的方式让研究生认识到自己的优劣势，根据学生的特点分配学习任务。

（3）处理好师生友情与交往边界的关系。导师对学生的指导和帮助，学生对导师的尊重和钦佩，学习和生活中的良性互动，能够增进师生之间的感情。但如果让学生过度涉及导师的私人生活时间和空间的话，就会让学生反感甚至感到窒息。

2. 对于研究生而言，要避免导学冲突，可以从以下四个方面改进

（1）端正态度，尊重导师。一旦确定了导师，不管他和你心目中的理想导师有多大差距，都要发自内心地尊重导师。导师对研究生虽然负有培养学术能力、开展思政教育、优化培养条件、注重人文关怀等诸多职责，但导师也是一名职场人和社会人。一方面，在工作上他不得不接受年度考核、聘期考核，甚至非升即走。他的课题必须有所进展，需在规定的时间完成计划中的科研任务。他还要完成必需的教学工作量，协调各方面的关系和事务。另一方面，研究生不应对导师抱有过高的期望，在理想和现实有差距时，要学会积极调节自己并适应现状，提升自身的心理承受能力和水平。

（2）及时主动和导师交流。导师的工作任务很繁重，特别是有的导师指导十几名、甚至几十名研究生，往往十分忙碌。所以，研究生不要被动地等待导师的指令，而是应该及时主动地和导师交流。学业上，要认真落实导师的要求并及时主动汇报进展，包括所取得的成果和存在的问题等，以便导师进一步指导。在生活中，有思想困惑、人际烦恼包括其他困难，都可以坦诚地告诉导师。绝大多数导师都会给予理解并积极提供帮助，切忌心理封闭，不与他人沟通。

（3）培养良好心态，学会"和解"。由于学术问题具有探索性和严谨性，导师和学生在开组会时偶尔会产生激烈讨论，这是合理的。但是，我们需要培养良好的心态，告诉自己需要厘清学术问题和个人感情之间的区别，不能混为一谈，否则只会让自己产生困扰。处理好情绪后，再有理有据地向导师表达自己的想法，探讨具体思路的可行性，切莫意气用事。同时，当学术压力过重、生活琐事缠身或对导学关系感到疲惫不安时，应该学会和自己和解，积极并及时地寻求他人帮助。一方面，可以求助学校的心理健康教育中心，通过专业的心理咨询，解决自身面对的问题和困难，提高自身的心理韧性和能力，更好地适应研究生生活。另一方面，还可以向院系和辅导员寻求帮助。研究生培养工作是一项系统工程，需要学校和学院各个部门形成育人合力，共同保障研究生健康向上成长成才。辅导员在导学关系中常常发挥的是桥梁作用，为研究生表达合理诉求提供平台，为学校高质量人才培养工作保驾护航。

（4）注重双向选择。导学关系从科研角度讲，更像是合作关系。导学双方要根据各自的规划和需求，选择最适合的合作伙伴。导学冲突的根源在于导学在双向选择时出现了问题。有的研究生读研就是为了学历，毕业后能够找到一份不错的工作，对科研没有热情。这类学生读研的主要任务就是毕业，所以兼职行政事务的导师更适合他们。因为有行政职务在身的导师时常会让学生做一些辅助工作，可能是跑腿打杂，可能是端茶倒水，这些事情看似不起眼，实际在未来工作中是很有用的。有一部分学生是真正热爱学术的，未来想要继续读博深造或者从事和科研相关的工作，这时如果导师布置太多行政工作给他们，反而成为一种负担。还有另一种情况，导师通常都会希望学生在自己的研究方向上发力，继续师兄师姐的研究。但的确有个别学生比较有自己的想法，自己想做一个新的方向，但导师可能会认为这个方向不靠谱，也有可能纯粹是浪费时间做不出成果来，这样两者之间就产生了矛盾，笔者就曾经见过很多博士生因为导师无法对自己的方向进行指导而毅然退学重申。

【典型案例】

如果能重来，我一定要换导师

小 A 是某高校研二的硕士研究生，性格非常内向，与其他同学交流很少。在走访寝室和日常交谈过程中，辅导员了解到该生家乡在南方农村，家庭环境较为艰苦，家里还有两个姐姐，该生曾经患过肝损伤的疾病，多种原因造成了该生性格内向，不善于沟通。

研究生入学后，小 A 与导师的沟通一直存在问题，小 A 不喜欢导师确定的研究方向，不适应导师的工作风格；导师则认为小 A 没有研究生应有的素质，坚持自己的研究方向。长时间缺乏有效沟通的师生双方最终爆发了激烈冲突，小 A 因此情绪十分激动，要求学院为其更换导师，否则就要退学甚至要做出过激行为。导师和学生同时联系辅导员，希望辅导员能够介入该突发事件并做出妥善处理。

导生冲突是一种非常普遍的现象。相比显性的公开冲突，绝大部分学生表现出来的是间接的、非公开的对抗状态，即"导生隐性冲突"。隐性冲突里的学生，并没有真正跟老师发生正面的冲突，前台行为几乎了无痕迹，最常见的表现形式就是"不主动"，会下意识地疏远、回避导师的诉求。很多学生在导生交往中日渐麻木被动、暮气沉沉，堆砌出自我保护的心墙。待到心力耗竭，丧失解决问题的意愿，最终导致师生关系无可挽回。

本案例中小 A 和导师在一些问题上的看法可能不一致，进而产生意见分歧甚至冲突。该事件属于典型的突发危机事件，辅导员接收到相关消息后应及时赶到现场，了解情况，稳定形势后，及时向学院领导报告，同时与导师和学生进行沟通，详细了解事情的来龙去脉。经过多轮谈话，学生与辅导员建立了较为稳固的信任基础，辅导员对其性格特点也有了一定把握。在稳定学生情绪的同时，辅导员积极与导师进行沟通，共同商讨培养该学生的方案。最后，在学院多方力量的努力下，学生最终和导师解除误会，重新以积极态度投入科研生活。

以上案例提示我们要善于和导师进行沟通，及时、有效地表达自己内心的想法，增进双方信任，减少矛盾。如果真的出现问题也不要担心，学会寻求外界的帮助，通过多方力量共同协作，构建和谐的导学关系，保障科研的顺利进行。

【小贴士】

与导师沟通的技巧

注意时机。和导师预约时间时，要至少提前一天询问，不能临时通知。发邮件、短信、微信等信息时，尽量避开清晨和深夜休息时间。

提问清晰。向导师请教前，要明确自己要沟通的内容、询问的问题以及想要达到的目的。在请教过程中，问题描述越详细越好，这样有利于导师有针对性地指导。同时，在交流过程中，不要只抛出问题，不谈自己的思考，这样也不利于和导师的深层沟通，还可能会给导师留下不爱动脑的印象。

回复有效。回复导师消息时，不要简单地只回复"嗯嗯""好的""收到"等。比如导师给了论文修改意见，除了感谢的话之外，最好可以给导师明确下次提交的时间，一方面，会让导师放心和省心，另一方面对自己也有督促作用。

三、如何战胜拖延

拖延是日常生活中常见的行为。一些研究生可能会因为不够自律或者缺乏规划能力，导致学业和科研进展缓慢，出现拖延的现象。他们可能会一再推迟完成任务的时间，或者到最后关头才开始匆忙完成任务。消极拖延行为不仅导致人们生活、学习效率和质量下降，目标达成受阻，而且使当事人长期遭受焦虑、抑郁和内疚等负面情绪的困扰，自我效能感低下，生活幸福感下降，身心健康受到威胁。有研究者在某高校研究生群体中进行拖延现状调查，结果发现约有 49.6% 的学生存在中等程度拖延症，即学习和生活中经常出现拖延行为，但总体上来说还是能在事态发展严重前进行有效规避；有 6% 的学生存在较为严重的拖延症，即主观感受到焦虑、痛苦等情绪，并且学习和生活已受到严重影响。

（一）拖延的原因

1. 完美主义

拖延症患者往往是对自己高标准、严要求的完美主义者。事实上，拖延症只是表征，其心理学根源在于追求完美——完美主义者会通过拖延来避免不完美的结果。有些人总想着把工作做得十全十美，所以他们宁愿迟迟不去动手，也不愿在完成工作过程中出现瑕疵。总是希望能完美完成任务，先做一些不重要的事，等到最后再去完成最重要的任务。虽然想法很美好，但时间不等人，造成的后果就是抓不住重点，该做的重要事情没做，不该做的小事却做了一大堆。

2. 恐惧

拖延本质上是情绪管理问题，它并非因为你懒惰，而是因为你在逃避某些令你不安的情绪——如害怕失败、害怕无聊，或对任务意义的质疑。比如，当面对一项重要任务时，你可能会下意识选择逃避，因为你对自己是否能完成感到不确定。我们越压抑这些情绪，拖延的行为就越严重。

3. 纸上谈兵

所谓纸上谈兵，就是只会空谈，并不付诸实践。往往活在自己假想的世界里，说起事情来夸夸其谈、大放厥词，可真到实践起来却是三分钟热度，遭遇现实困难时往往不堪一击。

4. 对抗分歧

很多时候，我们需要完成的事情，不是我们自己想要完成，而是被动接受的任务。比如，来自家人的催婚、来自朋友的求助、来自领导安排的任务等。我们不得不去做一些违背自己意愿的事情时，就会选择用拖延的方式来对抗，表达不满。

5. 即时快感

在生活、学习中，我们难免会遇到困难，而一旦遇到困难、矛盾，我们就会想要逃避，会更容易选择去做比较容易、不费脑子的事情，比如看看电视、刷刷手机、去休闲娱乐等。

【典型案例】

论文拖延症

学位论文开题结束后，结合导师的建议，小 B 开始撰写学位论文。当小 B 查找了一些资料后发现，开题报告需要做大量修改，小 B 觉得头疼，一直没办法开始修改。小 B 很难开始，他意识到自己陷入了论文拖延症，尽管每天待在实验室，一直处于一种很忙碌的状态当中，但看着时间一点点溜走，小 B 要撰写和修改的论文却一点都没有开始。小 B 知道留给论文写作的时间不多了。导师也在一直催小 B 的进度，师兄师姐也在询问小 B 的进展，可小 B 就是无法开始。有时下定决心，刚打开电脑，却发现有邮件要收，有新闻要关注，微信时不时有消息进来……就在这一来二去当中，到了中午又要吃饭了。吃完饭，感觉需要午休，结果就到了下午。刚要开始，师兄又让小 B 去帮个忙，忙完后就到了晚饭时间。吃完晚饭，小 B 想着该锻炼锻炼，去操场走走，结果又被导师叫去修改一个程序。晚上等小 B 坐到电脑前要开始时，又想着不能熬夜，还是早点睡吧。然后小 B 又一次陷入了失眠……小 B 甚至会做噩梦，感觉有野兽想要吃掉自己……论文初稿提交的日子在慢慢逼近，但是小 B 的论文还是一筹莫展。小 B 陷入不能完成论文的巨大恐慌和焦虑当中，想到可能要延迟毕业，小 B 内心充满了自责和愧疚，感觉每天都很难熬，小 B 该怎么办呢？

拖延症是很多研究生日常生活中的"隐形杀手"。无论是科研论文的写作、实验报告的提交，还是一场重要答辩的准备，都曾被它困住手脚，让研究生徘徊于焦虑和自责之间。很多研究生要开始写论文，却不知道该如何开始。本案例中的小 B 迟迟不能完成论文，并且因此充满恐慌、焦虑、自责和愧疚，这是拖延行为常见的情绪反应。拖延行为具有以下三个特征：自愿、逃避和非理性。首先，拖延既不是受他人胁迫的不得已行为，也不是因为突发事件而导致的客观延误，而是个体的自主决定，是个体出于某种考虑而做出的自愿选择。其次，拖延行为具有明显的逃避性，拖延者不愿意马上开始或完成已经打算做的事情。最后，拖延是个体的非理性行为，选择拖延的个体不是不去做某件事情，而是要等到其非完成不可的最后一刻才着手进行，尽管没有适当的理由，尽管延迟会造成不利的后果，个体还是选择了拖延，只是这种行为并不是一种理性行为。

（二）战胜拖延症的方法

1. 端正认识

拖延并非人的本性而是一种不良行为，它并不能使问题消失或变得容易，相反只会带来更严重的后果。因此，必须清楚拖延的危害，进而养成良好的习惯，不追求短暂逃避带来的快感，而是在成功中享受来自心灵的愉悦。

2. 任务分级

当你有很多事情需要完成的时候，应该写出一个清单来。这个清单，应该尽可能地表述清晰、任务具体明确可以量化。每天重要的事情最多三件，而最重要的事情，往往只有一件。有了等级区分之后，你应该优先完成当天的头等大事。这件事情完成之后，你会很有成就感，会少一些焦虑，也就更有心思去做其他的事情。

3. 及早行动

良好的条件是等不来的，唯有具体行动才能创造有利因素。要完成某项任务，可制订一个行动计划，列出需要进行的每一小步。然后依据计划及早展开行动，每完成一小步就会带动自己更好地去做下面更多的事情。这样分割目标，设定期限，既有助于增强信心，又便于及时检查督促自己。

4. 自我奖励

良好习惯的养成是需要不断强化的。要想养成自觉、迅捷做事的好习惯，就要给自己的早行动予以适当的奖励来进行强化。每按时完成一项任务，即使任务很小，也要肯定自己，奖励自己在达到一个适度的小目标后就拥有某项愉悦享受的权利，让努力与享受快乐紧密相连。

【小贴士】

如何保持写作动力？

万事开头难，只要提笔开始写作，那么论文的写作就能进行下去。好的开始是成功的一半，写论文也是这样。克服论文写作拖延症，可以选择从自己觉得最容易或者最熟悉的部分开始写起。如果觉得开始写引言存在困难，那就从最容易的段落或是小节开始，然后按照自己的思维把余下部分流畅地写下去。下面是一些帮助你持续完成论文写作的建议：

创造一个适合写作的环境。找一个安静、整洁、舒适的地方写论文，远离干扰和噪声，确保能够集中注意力。

消除干扰。关闭手机中社交媒体和其他可能干扰你注意力的应用程序。如果有必要的话，可以使用一些应用程序来帮助你集中注意力。

给自己设定时间限制。将写论文的时间划分成段，每段时间都给自己设定一个明确的目标，比如完成一个小的章节。在每段时间结束之后，让自己休息片刻，然后再继续下一段时间的工作。

保持健康的生活方式。保持健康的生活方式可以提高你的专注力。

四、如何快速融入科研团队

研究生与本科生有很大的不同，其中一项就是你将拥有固定的实验室、固定的办公室座位，以及相对固定的同门兄弟姐妹。由于在同一个科研团队，或者在同一间实验室和办公室，搞好同门间的关系是非常重要的。彼此关系融洽，心情自然舒畅，不但有利于学习和科研工作，也有利于自己的身心健康。倘若彼此关系不和，甚至有点紧张，就会影响心情，甚至会处于无限的煎熬之中。

（一）研究组（课题组、实验室）层面

来到一个研究组，要尽快了解和熟悉研究组的文化和传统，要学会感悟和领会，并融入其中。融进去，不要孤立自己。在一个集体里，不参与其中，是一件很遗憾的事情。

融进研究组，你就会发现研究组的优势、长处，自己需要学习的地方，长知识和开眼界的地方，这就是进步和提高。同样，你也会发现一些与自己期望不一样，甚至是出乎意料的地方。这也是好事，这些是你需要了解的但一定不是自己学习和追求的，甚至是以后要避免的事情。

了解研究组的工作，包括以往的工作和现在的工作。只有熟悉了，才能在研究组工作积累的基础上提出自己的想法。只有熟悉了工作，才能知道相关仪器设备的用途，也有助于有的放矢地去学习和掌握一些技术手段。

学习技术手段是为了完成科研工作，不要把技术手段作为唯一的学习目的。研究生要学会思考，学会批判性思考，拥有发现问题的眼光，学会提出问题的能力，学会解决问题的能力。

（二）导师层面和副导师（师兄师姐）层面

研究生需要导师，是需要得到指导，需要科研平台（如设备和经费等）。研究生与导师教学相长，要善于从导师身上发现自己需要的东西，学习应该学习的东西。导师的思维方式、处事方式、智慧、人格、理念、追求等，都是需要研究生去感悟的。导师优秀的地方，值得学生去学习和传承。同样，导师不良的地方，学生一定要避免和杜绝。与副导师、师兄师姐的关系，也是如此。每个人身上都有优点，也有不足，要善于发现他人的长处，善于学习他人的长处。认识到这些，就是进步，就是在成长。副导师也好，师兄师姐也好，他们身上有些妙招，有些经验，需要用自己的智慧和行动去习得。

【典型案例】

怎么与同门相处？

方某，研一开始进入实验室，导师让他帮着师兄师姐做实验。半年后，他看着师兄师姐们拿到数据写论文，心理很不平衡，做事就拖拖拉拉，一催一动，混日子。到了研二，导师要他带低年级同学做实验，他觉得很浪费时间，不想花时间带师弟师妹。在课题组里，他总是与大家发生矛盾，其他同学对他意见也很大。有几次，因为计划安排不一致，他跟课题组同门发生了激烈的冲突。他受不了现在课题组里大家拉帮结派，觉得其他人都很功利，只为自己考虑，耽误了他的研究。最近，他因频繁与课题组同门发生冲突，研究又毫无头绪和进展，每天吃不下睡不着，精神焦虑。

本案例中方某在进入研究生学习阶段之后，过度重视自己的科研成果，认为帮助师兄师姐很吃亏，带师弟师妹浪费时间，与课题组成员经常发生冲突，出现这些现象的主要原因在于方某还没有熟悉研究生阶段的学习方式。进入课题组学习是大多数研究生的必经阶段。研究生课题组的学习模式和大学期间的学习模式有很大不同，研究生通过参与导师的课题，通过与课题组成员的合作分工，学习科研知识，加强科研能力。

同时，从方某与同门沟通的过程中可以看出方某常用的是指责型的沟通模式，将自己研究进展不顺利的原因归结在他人身上。萨提亚心理学认为，生活中有五种沟通姿态：指责型、讨好型、超理智型、打岔型、表里一致型。往往生活中出现更多的沟通姿态是：指责型、讨好型、超理智型和打岔型。这四种沟通姿态，都很容易给彼此带来不好的沟通体验，甚至引发不满和争吵。而表里一致型沟通，能给人比较好的沟通体验。指责型习惯"批判和攻击"，为保护好自己选择逃避责任，把所有的问题都推给别人。他们通常会有这样的语言特点："这一切都是你的错！你是怎么搞的？你从来没有考虑过别人的感受！如果不是你，事情就不会弄成这样……"

（三）个人层面

自己要有明确的目标，要参与到具体的实验中去。通过了解和熟悉研究组的工作积累和进展，通过学习导师、师兄师姐的工作经验和技术手段，通过参与师兄师姐的实验或自己独立开展的实验，扩展学术视野，掌握实验技术。虽然这个过程中会有汗水和苦恼，但达到这些目的，就值得高兴和满足。

有了目标，有了感悟，有了收获，就不会对自己的付出和汗水感到失望、委屈和埋怨，而是感到虽有劳苦但很充实，虽然劳累但有收获，并且最后是快乐的、满足的。作为新手，我们必须清楚自己不能只是劳动力，也不能游手好闲、袖手旁观。付出劳动和汗水，是为了收集有用的科学数据，为了掌握技术、学习知识。同时，不要过于功利化，过于计较个人得失，这样你可能会失去机会，也可能学不到知识和技术，自己也会很被动。没有付出是没有收获的，没有奉献是得不到回报的。要学会付出，学会奉献，学会协作，要主动参与研究组工作和师兄师姐的实验。对于不合理的要求，研究生也应学会拒绝，学会据理力争，学会维权。

（四）应对策略

1. 明确与同门之间的任务分工

研究工作开始，导师会根据学生的科研能力、年级高低等分配科研任务，拟定研究计划。因此，课题组中每个人的任务分工都不尽相同，研究生需明确自己在科研工作中的任务分工。在研究过程中，开诚布公地将可能遇到的问题和困难摆出来，讨论和制定规则。研究生不仅可以通过与组内成员的良好互动得到专业上的帮助，还能通过研究得到科研和创新能力的提升和锻炼，发挥在科学研究工作中的积极性、主动性和创造性。与组内成员一起制定组内相关规定，严格实施。与组内成员交往时，不双标、不搞小帮派，培养合作意识，不要纠结盘算一些小利益。"赠人玫瑰，手留余香"，在帮助别人的同时也能提升自己的能力。

2. 建立研究工作支持系统

善用一切可能的资源，发展与同学、导师的关系，获得他们的帮助。建立支持系统的核心是沟通交流，积极与导师、同门、同学交流。在与导师交流的过程中，会知道要做什么？为什么做？意义是什么？可以快速了解自己研究方向的目的、内容及意义，为自己的科研工作奠定基础、指明方向。刚进入实验室，一切都是生疏的，实验室的各种日常事务、实验的操作、仪器的操作、数据的分析等，都需要练习和熟悉，因此与同门师兄师姐的交流显得尤为重要。研究生阶段主要的负责人是导师，与导师交往的程度直接影响研究生的生活质量和科研进展。导师与学生在年龄、阅历以及学术积累等方面存在差异，经常会遇到观点相左的情况。当研究生与导师在个性差异、学术方向、角色定位和工作责任等方面发生冲突、产生矛盾时，或者与同实验室的同门发生矛盾时，如何有效解决问题就显得至关重要。

3. 建立一致性沟通

习惯于指责他人的人，在原先的反应模式中只关注自己，那么尝试放下"自己指责的手指"，平息呼吸，用好奇和关心的态度看看和你沟通的人有什么样的观点、感受和期望，然后选择内外一致的行为、语言表现出来。积极主动地表达沟通诉求，及时反馈自己所遇到的各种问题，可以让团队氛围变得更加温暖和谐，科研变得更高效。与同门产生分歧时，一切以解决问题为目标，做到一致性沟通。

4. 努力提升自我能力

优秀的科研成果都是脚踏实地，一步一步走出来的，没有捷径可言。一开始跟着师兄师姐做，学习基础操作、实验技能、研究方法等。随后自己做，探索一个领域、研究一个方向。科学研究需要把每一个想法落到实处，切忌眼高手低、畏难退缩。要正确认识所遇到的问题，包括理论知识学习、实验技能操作、数据分析等，培养科研思维、提升执行能力。与导师共同制订学习及研究计划，要明确目标，为科研工作的顺利开展奠定基础。与组内其他成员的交往有助于提高科研生活质量，提升专业素质。刚进入小组时，态度要谦虚，始终保持学习的心态，多与人交流，勤动手，多助人。每个人读研最终的目标是不一样的，要认准自己的目标，制订自己的职业规划，结交志同道合的朋友和靠谱的同门，相互帮助共同进步。

五、如何处理舍友关系

研究生宿舍关系犹如社会关系的一个缩影,来自五湖四海的学生汇聚到一个宿舍,将要开启几年的舍友生涯。与本科宿舍关系不同,研究生宿舍人数更少,平均年龄更高,这个小团体关系的构建受到生活习惯、家庭环境、成长经历、价值观等多种因素的影响,有的宿舍成员可以成为挚友,有的成员相处几年却犹如陌生人。

【典型案例】

尴尬的舍友

读研以来,总觉得现在的宿舍关系有些奇怪。大家好像铆足了劲向前冲,或是沉浸在自己的世界里,很少会停下来接触和感受周围人的存在,也很少能凑齐集体活动。开学至今,宿舍唯一一次聚餐还是去年冬至的时候,大家真的很像只是同住屋檐下的旅客,偶尔打个照面、闲聊几句。总感觉和研究生舍友有隔阂,没有本科生室友关系更亲近,我不理解,难道研究生宿舍关系都这么尴尬吗?

本科阶段遇见的舍友基本是刚刚毕业的高中生,大家也许来自五湖四海,但彼此的求学经历往往是极为相似的,人生经历也相对单一,因此极易产生共鸣,一拍即合成为形影不离的好朋友。读研期间所遇到的舍友也许是刚刚大学毕业的应届毕业生,也有可能是居家全职备考、二战三战才顺利上岸的考研人,甚至是出来工作几年后才重返校园的职场人。相比于本科舍友,研究生舍友的人生经历会更丰富,基本形成了固定的三观和生活习惯,因此在相处过程中需要更长的磨合时间。

(一)研究生宿舍关系类型

室友间人际关系的质量对研究生的学习、生活及身心健康有比较直接的影响。对于研究生来说,宿舍是他们在校期间待的时间最长的地方,由于性格、生活习惯的不同,研究生发生宿舍矛盾纠纷的案例屡见不鲜。有的研究生因为没办法协调与其他室友的人际关系,会产生自卑心理,还有的因此患上抑郁症,对生活也丧失了信心,没有勇气去面对人生。根据宿舍内部成员之间不同的相处方式，宿舍关系可以分为这样几类：

1. 如家人似密友

这类关系是宿舍关系中处于最顶层的关系，是最和睦最温情的。这种关系模式中舍友之间的相处就好像家人一般，有什么事情都会互帮互助，生病了会悉心照料，难过了会安慰倾听，放假了会一起出去玩，学习上相互鼓励共同进步，可以称为交心好友。这种类型的宿舍关系，是共同度过美好的研究生生活、一起发展进步的关系。在研究生毕业之后，依然会保持联系，在进入社会之后会成为知心好友甚至成为家人般的存在。

密友可遇不可求。如果非常幸运，你与舍友可以成为无话不谈的知己，能达到知心好友的亲密程度，那么恭喜你，一定要好好珍惜。如果不能像知心朋友一样相处，也不要觉得失落。毕竟每个人都有自己的特殊之处，磁场不同不能互相吸引也是非常正常的，并不是所有人都可以成为无话不谈的朋友。如果你正处于这种情况，请放平心态，不需要刻意追求亲密的宿舍关系。

2. 君子之交淡如水

这是宿舍关系中的第二层关系，虽然没有像顶层关系那么好，但也算是和睦，舍友之间礼貌相处，也会一起出去聚餐拍照，虽然称不上是交心好友，但也算难能可贵，一般大多数的宿舍关系都处于这一层。宿舍的每个人相处起来不好也不差，在宿舍生活中的大部分问题可以得到协调，各成员相处比较融洽。这是在研究生宿舍关系中最为常见的类型，虽然出于各种原因与差异，各宿舍成员之间没有缘分成为好友，但出于构建和谐宿舍氛围的目的以及每个个体良好的素养也可以形成既有集体意识又有个人自由的宿舍关系。

如果希望在礼貌相处的基础上拉近舍友之间的关系，可以主动在宿舍里分享新鲜事。平日里多关心舍友，在舍友需要帮助时出手相助，多多夸赞舍友。顺其自然的同时多多互帮互助，君子之交淡如水也不失为一种良好的相处方式。

3. 阴晴不定型

通常这一类的关系并不稳定，好的时候很好，形影不离，但是宿舍内部也会因为一些事情吵架，吵起架来也可以翻脸不认人，阴晴不定，就像是雷阵雨一样，不知道什么时候会爆发出来。宿舍内部潜藏着各种不稳定性因素，时好时坏，矛盾冲突并不剧烈，在一定程度上宿舍成员的关系并不是不可协调，可以一起生活。这种情况多由宿舍个体的性格因素决定，较为敏感、不成熟的性格会导致忽冷忽热、情绪波动较大的宿舍人际关系。

阴晴不定的宿舍关系必然是遇到了阴晴不定善变的室友，这时候我们无需刻意关注他人对自己的意见，在恰当的时间做好自己的事，既不为他人无谓的情绪波动而伤神，也不将自己的坏情绪传染给别人，保持冷静与包容的态度，帮助他人克服困难，也可以寻求专业的意见，形成独立的人格与理智的态度。

4. 表面关系

表面关系的宿舍，其舍友之间的关系可以称为"是室友不是朋友"，有些表面看起来平静的关系，实际上暗流涌动。每个人都有自己的小心思，会因为生活中的摩擦相互看不惯，但能够维持表面的风平浪静。表面关系也是研究生宿舍成员之间常见的一种关系。有话不直说，有意见不直接提，表面客客气气，实则内心深处吐槽不断，三人以下独处时会感到十分尴尬，无话可说。表面关系一旦被打破，可能会导致小团体的产生。

这种表面关系看似正常，实则不利于心理健康。室友之间维持着表面的平静，该解决的问题不解决，该沟通的事情不沟通。长此以往，会堆积更多的不满，终有一天会打破表面的平静关系，处在这样一个宿舍关系结构中，舍友之间多交流，才可能从最初的表面关系发展为更进一步的亲密朋友。

5. 小团体分化关系

在研究生宿舍中，小团体分化现象仍然存在。由于研究生年龄更长，经历更多，宿舍内部存在着一些小团体，团体成员之间相互抱团。没有融入团体之内的人可能会受到团体成员的孤立，甚至是霸凌，这是非常不健康的。无论是对立面的哪一方，都不利于心理健康。这样的宿舍关系，各成员只是生活在一个宿舍中，缺乏基本的交流，容易因为一些小事互不体谅，爆发矛盾和冲突。不同的生活环境与学习经历会造就性格迥异的个体，志趣相投者必然会比其他人关系更加密切，但刻意排斥他人融入集体，搞团体分化，不顾及大局，这对身心健康非常不利。

在宿舍，应当以平等的态度对待每一个人。厚此薄彼，和一部分人打得火热，而对另一部分人疏远不理，容易引起宿舍其他成员的不悦，不利于建立和谐的宿舍关系。

6. 陌生人

这类关系中，研究生只是把宿舍当作休息的地方，宿舍成员之间各自干着各自的事情，互不影响，互不干扰，就好像是陌生人一样，仅仅只是夜晚生活在同一个房间里。每个人都有自己的生活节奏，互不干扰，甚至完全忽视彼此的存在，本有机会接触更多同学朋友却避之不及。这种冷处理的宿舍关系使得个体在生病时难以求助，孤独时难以排解，不便时难以诉说，对生活中天天相处的人视而不见、听而不闻，在学习中也很难完全快乐与满足。

研究表明，个体对于周遭的消极反应会压抑个人情绪的释放，难以形成良好的人际关系，如果连身边天天相处的同学都能视若无睹，那么如何有能力构建和谐的人际关系呢？如果与室友实在难以相处，性格迥异，可以试着采取积极的方法应对，让自己不要总是处于压抑沉默的氛围中，例如与室友交流个人基本信息，战胜社恐，或者做个普通朋友，再逐步加深了解。

（二）如何建立和谐的宿舍关系

【典型案例】

糟心室友

　　小王，研一新生，宿舍四人来自同一学院，均是独生子女。一天晚上，小王开完组会，回到宿舍后感到十分疲惫，便早早洗漱休息。小张因为近期导师出差，科研任务较轻，因此打游戏放松，但是小张打游戏的声音在安静的宿舍里显得有些刺耳，吵醒了小王，小王并没有直接责怪，而是首先选择忍受，最后实在无法忍受，与其发生了口角。自此小王对小张越看越不顺眼，比如小张的垃圾经常在阳台堆放，晾衣服时占据很大的空间，打游戏外放声音的次数越来越多，并且无论如何暗示，小张也总是记不住，甚至小张戴上耳机，小王也觉得能听见声音，烦躁之下什么事情都做不了。最近一个月以来，小王和小张经常吵架，已经严重影响到自己的生活和休息，甚至出现了失眠现象。小王非常苦恼，考虑要不要在校外租房，躲开这糟心的舍友。

　　宿舍关系的问题来源于个体间的差异，其中既有协商可轻易达成共识的，也有各自经年累月积累而成、难以求同的。宿舍成员要将心比心，接纳个人差异，消除隔阂，建立友善的寝室人际关系。

1. 保持冷静，相互沟通

当宿舍成员间发生矛盾时，如果不能保持冷静，就会容易冲动，做出不可挽回的事情。作为生活在一个空间里的舍友，关系一旦破裂，就会特别尴尬，最终可能连宿舍关系都难以维持。当发生宿舍矛盾时，要先冷静下来，敞开心扉，积极沟通。

首先，要缓和气氛，先主动道歉，当你退一步时，对方自然也会退一步，接着再来解决矛盾。比如说，对方经常不处理自己的垃圾，将外卖的餐盒一直放在宿舍里不处理。这个时候，就需要提出来，说明这种行为的不对之处，让对方意识到自身错误。尤其是刚踏入宿舍的时候，不知道对方的生活习惯和爱好以及从小的生活环境，当你看到了宿舍成员一些难以忍受的坏习惯时，更要保持冷静，在恰当的时机提出来。当你以冷静和礼貌的态度与舍友沟通时，对方也会看到你的真诚，从而愿意沟通交流，一起协商解决问题。也许对方没有意识到问题所在，通过双方冷静、坦诚的交流就会互相理解，达成共识，从而解决问题。

其次，可以制造良性互动，例如举办生日聚会。生日聚会对于宿舍互动起着良好的推动作用，一个好的生日聚会能够加深宿舍成员之间的沟通与交流，促进彼此的感情与友谊，促使宿舍呈现良好的互动态势。欢乐放松的美食分享也是加强宿舍互动的有效途径，通过分享美食这一共同话题，能够拉近舍友之间的距离，了解彼此家乡的风俗习惯，加深友谊。

2. 制定规则，共同遵守

有时宿舍产生矛盾，是由于没有规则引起的。宿舍制度影响着寝室的互动质量。研究发现，完善的宿舍制度对宿舍互动起着关键且长效的保障作用，宿舍制度完善、执行到位，有利于宿舍互动的良性发展。

和谐的研究生宿舍关系离不开良好的宿舍文化氛围。研究生班级可以利用休闲时间组织一些文化娱乐活动，召开以人际交往为主题的班会，增进同学间的感情。为营造良好的宿舍文化氛围，班级可以策划宿舍文化比赛，使宿舍成员共同为本宿舍的风采展示出谋划策，在增加集体荣誉感的同时，也锻炼了研究生人际交往的能力，促进了情感的交流，有利于研究生和谐宿舍的构建。

3. 相互包容，尊重差异

有的宿舍矛盾是由于性格差异造成的。有的舍友性格比较内向，喜欢安静的环境；有的舍友性格比较外向，喜欢热闹，爱结交朋友。当这两种性格的舍友住在一起时，喜欢安静的舍友，往往会感到不悦，产生消极情绪。像这种情况，谁都没有过错，只是因每个人性格不同而产生矛盾。大家要学会彼此包容，尊重舍友个性差异。性格内向的舍友，多去尝试和大家交流，去发现对方身上的闪光点，通过相处也会增进双方之间的感情，在性格外向的朋友的影响下，也会开朗起来。宿舍成员不仅需要互相尊重，也需要互相理解，要学会全面地看待问题，切忌冲动，正确处理与其他宿舍成员的关系，逐渐提高自身的素质和修养，形成和谐的宿舍关系。

4. 运用语言艺术，促进交往

研究生阶段正是年轻气盛、急于彰显个性的时候，一旦产生冲突可能会出现互不相让的局面，谁也不甘人后，你一言我一语，往往因为一时冲动造成不可挽回的后果。俗语说：良言一句三冬暖，恶语伤人六月寒。留在人心里的伤疤就像扎在树上的钉子，即使最后拔掉了，也会留下抹不掉的伤痕。退一步海阔天空，研究生如能适当掌握一些语言艺术，就可以在产生口角时起到缓和矛盾的作用。不仅避免了冲突，还能给人留下好印象，形成良好的人际关系。

六、如何兼顾学业与爱情

研究生阶段是人生的重要时期，面临着繁重的学业压力和未来职业发展的挑战。在这个时期，除了要顺利完成学业开启职业生涯，还要建立和维持亲密关系，为婚姻家庭做准备。作为一名研究生，恋爱所带来的情感满足与成长，能够帮助我们更好地认识自己、处理人际关系。如何正确对待恋情，让恋爱成为研究生生活中的一道亮丽风景线，而不是阻碍学业和未来发展的绊脚石，是每一个研究生都需要认真思考和面对的问题。

（一）正确对待恋情

1. 端正恋爱动机

恋爱动机应该端正，不能单纯为了体验恋情而恋爱，更应该注重双方未来的发展，树立正确的恋爱观。在选择伴侣时，应以性格、品质、志趣等方面的相似性和互补性为基础，而非只看外在条件或短期内的感情冲动。明确自己的学业目标和未来职业规划，避免因为恋爱而耽误学业或职业发展。

2. 懂得爱情是一种责任和奉献

爱情是一种责任和奉献，不能仅仅考虑自己的感受，还应该考虑对方的感受，做到真诚相爱，共同成长。在恋爱过程中，应该尊重对方的意愿和选择，关注对方的情感需求，为对方的幸福和发展贡献自己的力量。在学业和生活中努力进取，为双方的未来奠定坚实的基础。

3. 发展健康的恋爱行为

在恋爱过程中发展健康的恋爱行为，保持适当的距离，避免过度的沉迷和依赖，尊重对方的独立性，保持健康、平衡、理性的心态。同时，应该注意言行举止的文明和礼貌，避免因为恋爱而影响到周围人的正常生活和学习。

4. 以高尚的道德情操为基础

在恋爱中，应该以高尚的道德情操为基础，遵守社会规范和道德准则，树立正确的价值观和人生观。尊重对方的人格尊严和价值观，避免因为自己的个人欲望或利益而损害对方的权益或感情。

（二）恋爱中如何处理矛盾和分歧？

进入研究生阶段后，除了要面对繁重的科研压力，还要兼顾工作、兼职、实习等，学习和工作上的时间占比越来越大，而用于恋爱和交友的时间就相对减少。这样的变化可能会造成恋爱关系中的各种冲突，引发亲密关系危机。研究生在恋爱中常常会面临一些问题：实验忙，圈子小，找不到合适的人谈恋爱；可能会因为异地恋或者关系中的分歧、矛盾等产生关系危机；沉浸于失恋带来的痛苦，失去建立亲密关系的动力；恋爱需要投入时间和精力，容易影响学业和科研。

【典型案例】

为什么总是吵架？

小美和小军大学时就开始恋爱，已经交往了三年多，两人关系一直很稳定。大学期间因为同专业的关系，两人经常一起吃饭、一起上课、一起参加活动。小美非常依赖小军，不管去哪里都喜欢让小军陪自己一起，很少和其他同学相处，人际关系很简单。后来，两人一起努力考上了本校的研究生，小美却发现读研后两人关系不如大学时甜蜜了，争吵也多了起来。

小军的导师对他要求很严格，要求他每天都要去实验室工作，另外小军为了能缓解经济压力，自己还做兼职当家教。而小美的导师对她要求比较少，很少给她布置任务，她对这段感情投入的精力越来越多，总是她主动打电话、主动去找小军见面。两人约会一次很不容易，小美觉得小军对自己的关心和付出大不如从前，经常忍不住埋怨，两人总是因为一些小事吵起来。

有一次，小美和室友闹矛盾，便找到小军倾诉，但是她发现小军只会跟她讲道理，指出她在这件事情中处理得不好的地方，然后给出一系列解决问题的方法，希望小美按照他的建议去做。但小美在难过失落的时候，其实只是想要倾诉和安慰而已，她最想听到男朋友对她说"你已经做得很好了"，然后给她一个拥抱，小美觉得这才是她最想要的疗伤方式。当小美没有从小军那里得到想要的理解和安慰时，她就会很失望，甚至会发火，生气小军不理解她的感受，厌烦他自作聪明。而小军也觉得莫名其妙，自己明明在帮她解决问题，为什么小美会对自己发脾气，感到不知所措。

前段时间，小军的导师给他推荐了一个单位，建议他下学期去实习，但实习单位在外地，可能只有节假日才能和小美见面。小军很想争取实习的机会，但小美不想让他去，希望他找个近一点的单位实习，这样两人相处的时间会更多一些。对于小美的态度，小军有点生气，他觉得小美不体谅自己，外地的那家实习单位明明更好，这样的实习经历对自己以后找工作会很有帮助。他也是为了两人的未来考虑而做出的长远打算，他责怪小美目光太短浅，只想着谈恋爱，居然让自己放弃这么好的机会，太不讲道理。小美则认为男朋友不够爱自己，不够重视这段关系，自己就是太在乎才会担心异地后影响两人的关系。最近因为这件事两人总是争吵，小美的情绪也变得越来越差，无心学习，毕业论文进展缓慢。

其实，情侣吵架是正常现象，它提供了一个双方沟通的机会。当人们心里苦闷时，总想找人倾诉一番，每个人都有宣泄情绪的需求，而恋人双方常常互为宣泄的对象。案例中小美因为与室友闹矛盾向男友倾诉，希望寻求安慰，男友反馈了一些建议，小美却并不满意，这种现象在恋爱关系中也比较常见。小军面临繁重的科研压力，时间和精力上要兼顾科研、恋爱、兼职、实习等，对他来说是很困难的。而小美因为导师要求不高，对自己的学业投入就相对少一些，把主要的注意力都集中在了谈恋爱上。一方面，对感情的投入会满足她对于亲密关系的需要，能让两人的关系更加亲近，感情更深厚；另一方面，过度的关注让她的心理产生不平衡，容易患得患失，忽视了自己的学业和个人成长。

性别差异导致不同的沟通方式。两性在沟通交流时的需求和表达方式是有差异的。女性沟通交流是为了建立或促进亲密关系，寻求相互的支持，更关注情感的体验和表达，希望从交流中获得理解和认同；男性的沟通目的一般比较明确，为了解决某个问题，或传达某些信息，或者通过沟通展示自己的能力，因此男性在倾听时偏向于理性思考，表达自己对于事件的态度，并聚焦于如何解决问题。对男友小军来说，听到女友倾诉烦恼，他会不自觉地提出一些建议和方法，帮助小美去解决问题、解决烦恼，通过这种方式来表达对女友的关心；而小美倾诉是为了宣泄情感、寻求支持，她期待的是对方的理解和共鸣，希望对方关注到自己的情绪。当发现男友无法满足自己的期待时，小美会产生心理落差，认为男友不够爱她、不关心她，从而对男友产生愤怒的情绪。如果小美能够意识到这种沟通问题可能是两性差异造成的，并且是普遍存在的问题，男友只是通过自己习惯的方式表达对她的关心和爱，尊重并接纳差异，就会对这种结果多一些理解和接纳，少一些愤怒和不满。

焦虑型依恋导致高度敏感和焦虑。每个人都有自己的依恋类型，它在我们婴儿时期与父母的相处中形成，既影响着我们与父母之间的关系，也决定了我们在爱情中的行为。依恋分为四种类型：焦虑型、回避型、混乱型、安全型。人群中安全型依恋占 50% 以上，焦虑型依恋约占 20%，回避型依恋约占 25%。安全型依恋的人有足够的安全感，容易与人亲近，非常享受亲密行为，而且通常都温暖而有爱，能够在恋爱关系中信任对方。焦虑型依恋的人十分渴望亲密，常常对恋爱关系全情投入，但是又非常担心伴侣是不是同样地爱着他，倾向于用愤怒和焦虑来掩饰害怕被抛弃的恐惧。回避型依恋的人则将亲密行为等同于独立性的丧失，他们总是尽可能地减少亲昵。

小美在恋爱中非常渴望亲密关系，渴望与小军形影不离，总是害怕被拒绝、被抛弃，试图通过寻求他人的回应和确认来减轻自己的焦虑情绪和内心的不安全感，属于焦虑型依恋类型，在亲密关系中容易产生误解、矛盾和紧张。恋爱中的双方虽然爱恋对方，但是因为没有真正共同生活的经历，情感尚不稳定。因此，需要更加注重与恋人的沟通，理解彼此在这段关系中的情感心理需求。尤其是在遇到分歧、出现矛盾时，更要以积极的、建设性的方式应对。那么，如何形成良好的恋爱关系呢？

1. 了解自己的依恋类型，营造温暖的关系氛围

依恋类型影响着我们在处理亲密关系时的反应。想要重塑安全依恋关系，就需要重新认识自己在依恋关系中需要的是什么，并尝试公开、直接地将需求向伴侣表达出来。塑造一个温暖的环境，探讨彼此的真实感受，无论是感到受伤、还是感到愤怒都可以表达出来，给予对方安慰，让伴侣感觉到被理解。双方可以定期进行深入交流，认真倾听彼此，心平气和地表达感受和想法，对过去一段时间的交往进行回顾和反思。

2. 尊重两性的差异，调整沟通方式

男女在沟通交流中的需求和表达方式是有差异的。女性需要亲密感，男性需要空间感，即女性害怕被遗弃，男性害怕被控制。这就是为什么女性需要你经常跟她说"我爱你"，送些小礼物，表达爱意；男性则需要空间感，喘口气，即"若即若离"。如果不了解其中的差异，女性一直盯住男性，时刻注意，女性会觉得这是关心、亲密，但是男性却感到被束缚。女性应给男性多一些自由空间，不要让他觉得太拘束；男性应该多给女性一些安全感，不要让她觉得被疏离。除了性别差异，个人差异也是必然存在的，每个人都有自己的独特性。无论与谁相恋，我们都要学会承认并尊重彼此的差异，人和人之间的差异不是隔离彼此的障碍，而是相互学习的机会，我们要带着好奇及欣赏的眼光看待彼此的差异，尊重对方，从而在差异中获益。

3. 让自己丰富起来，建立和世界的连接

你可以趁感情相对稳定的时候，多进行一些探索和尝试，让自己的世界丰富起来，可以是你的学业、你喜欢做的事情，或者是其他的社交关系。这可以分散一部分注意力，就不会盯着伴侣的一举一动。在这个过程中你可能会发现，世界如此广阔，还有这么多好玩的事情，大可不必把心思全部寄托在感情上。最重要的是，这些和世界的连接会给你提供一些缓冲。如果有一天亲密关系出现问题，也不至于陷入孤立无援的境地。

（三）如何面对失恋？

目前，我国高校在校大学生谈恋爱的情况较为普遍。拥有一份纯真的恋爱固然美好，但也面临着恋爱关系破裂的风险。失恋是恋爱中常见的心理现象。读研时很有可能双方在不同地方工作或者学习，接触的时间直线下降，加上每天的实验任务也很重，所以亲密感的延续存在着很大的考验，很多时候会无法找到共同语言。尤其是异地恋，由于亲密感的无法持续，经常会出现较大的争执或矛盾，也有可能出现逐渐淡漠而分手的现象。很多学生在研究生阶段会面临失恋的问题，因此需要了解失恋以及学习如何缓解失恋带来的痛苦。

【典型案例】

失恋的阵痛

小刚与女友从大学时期开始恋爱，已经交往了快3年，虽然平时少不了吵吵闹闹，但是两人关系一直比较稳定。在本科毕业后，小刚在老师的建议下决定读研，而女友决定参加工作。

虽然女友工作的单位和小刚所在的学校在同一个城市，但两人只有到了周末才有时间见面约会。两人见面时，女友常常会吐苦水，说自己在工作上的困难，吐槽领导有多烦人，还有和同事之间的竞争关系。对小刚来说，自己也没有工作经验能分享，没什么能帮忙的地方。而女友听到小刚分享关于发论文、做实验时的事情时，也不感兴趣。女友对于工作环境的适应很困难，她希望小刚能抽空多陪陪自己，能给小刚常常打电话倾诉烦心事。小刚自己科研压力也很大，实验进度和论文发表都不太顺利，有时听到女友吐槽也会心烦，觉得她不够独立，爱瞎想、矫情，希望她想开一点。女友则埋怨小刚变得越来越敷衍，不关心她。

一个月前，小刚和女友在电话里吵了一架，冷战了几天后女友提出了分手，她认为两人现在差距太大不合适再交往，没有共同语言，感觉很疲惫。小刚一开始以为女友只是一时生气，过几天哄一哄就好了，但等到小刚主动想挽回女友的时候，对方却拒绝交流，态度很坚决。小刚觉得难以接受，两人相爱了这么久，说分手就分手，不相信女友会这么绝情。

失恋后，为了让自己不要回忆女友，小刚天天给自己安排很多事情，想让自己忙起来，转移注意力。一开始挺有用，过了一个星期后，发现一旦自己闲下来，还是很痛苦，不论看到什么都会触景生情想起女友，变得敏感又脆弱，脑海中总是回忆起恋爱时的美好画面，后悔自己太冲动，如果当初吵架时说话不那么难听，女友也不会那么生气。有时他还会想，如果自己不读研是不是他们就不会分手？

身边的人发现小刚最近的变化后，主动关心询问他。小刚觉得自己被甩了很丢人，不想被人笑话，也不愿意跟朋友说这件事。分手两周后，小刚发现自己越来越难以控制情绪，对女友的愤怒和怨气有时会波及身边的人，感觉所有人都是虚情假意，逢场作戏，很难信任别人。因为学习任务重，情绪又无处发泄，小刚常常无法集中注意力学习，实验室组会上被导师批评进度慢，心里很委屈。最近一周开始经常失眠，心不在焉，没有胃口，有时好几天不愿意出门，对什么都没有兴趣，很无助，感觉自己被所有人抛弃了。小刚也希望自己能早点从痛苦中走出来，振作起来，但很难控制自己不去想，感到很无助。

失恋是一种人们在亲密关系中可能遭遇的情感丧失经历，这意味着我们失去了曾经那个亲近的人，也意味着失去了彼此共同设想的未来，很多人在分手后感觉生活失去了方向。人们常常希望自己在失恋后立刻走出痛苦，迎接新的关系、新的生活，殊不知这几乎是不可能的事。相反，越是想要控制，反而会更加失控。研究发现，大学生在失恋3个月后，对自己和前任的愤怒、攻击会减少；失恋12个月后才会有明显的行动去认识新的人、探索新的关系（肖友琴，2019）。

1. 失恋后的五个阶段

人们面临创伤事件后哀伤有五个阶段：否定、愤怒、讨价还价、沮丧、接受。有研究表明，经历失恋的人们也大多会经历这五个阶段：

第 1 阶段：否定。难以接受，不相信是真的发生了。

在这个阶段，无法承认，也不愿承认自己被抛弃，不愿承认原本以为会相爱到永远的那个人再也不会回到自己身边这个事实。当女友刚提出分手，小刚一开始的反应是否认，不相信他们会真的分手，有点麻木，好像一切都没有发生；当小刚意识到对方很坚决要分手后，伴随着负性情绪的出现，小刚不断回忆两个人相恋时的情景，不断后悔自责。

第 2 阶段：愤怒。觉得这是对方单方面的决定，自己是受害者，将分手的原因全部归咎在对方身上。

在否认阶段后，可能会变得愤恨或者失控，开始对自己、对前任、对世界充满攻击性。"为什么 TA 要这么对我？"小刚的愤怒情绪越来越强烈，并且开始泛化，他的愤怒不再只是指向女友，也影响了他对身边其他人的反应，他会怀疑其他人的情感是否真实，并且将自己封闭了起来。这一阶段会有很多想要争论的、发泄的、攻击的感觉，需要寻找一种合适的方式去发泄，避免对自己和他人造成伤害。

第 3 阶段：讨价还价。为阻止对方离开，不惜一切讨价还价。

在愤怒过后，进入到和创伤事件的"讨价还价"阶段。开始思考"如果当时我不这样做，我们现在应该就不会分手了吧""如果那天我把话说清楚，是不是就不会走到今天这一步了"。在这个阶段里，小刚常常会过度地反思自己，陷入无意义的纠结，变得焦虑、自责、愧疚。

第 4 阶段：沮丧。开始知道感情已逝，感觉一时间失去了所有。

意识到即使否认、愤怒、"讨价还价"也无法挽回关系了，这时候就进入了一种抑郁、沮丧的状态。小刚出现了失眠、食欲减退、痛苦自责、注意力不集中、兴趣减退等一系列表现，他将这段恋情的失败归因于自己，认为是自己无能，不值得别人爱，怀疑别人不是真心对待自己，甚至失去生活的信心或勇气。对每一个失恋的人来说，这一阶段都是最难熬的，严重时甚至想要放弃自己的生命。

第 5 阶段：接受。终于接受两人关系告一段落，思考如何面对未来。

这个阶段，开始接受失去亲密关系的事实，不会再期待与前任复合，不会再想要时刻关注对方的生活，开始重新经营自己的生活。

每个人经历失恋后的过程不尽相同，这些阶段可能会同时发生，或部分发生，或乱序发生。只有理解自己当下的状态，才能减少自我伤害，从失恋的"阴霾"中走出来。

2. 失恋后，如何更快地成长

失恋本身的确是一件痛苦的事情，会带来痛苦的情感体验，容易使人处于强烈的自卑、忧郁、焦虑、悲愤甚至绝望的消极情绪状态之中，从而失去生活的信心或勇气。那失恋后如何进行自我调整？

（1）面对现实，接受失恋的事实。面对情感方面的挫折和打击的时候，虽然我们会本能地回避，并安慰自己时间是治愈情感创伤最好的药，但从心理学的角度来说，当我们回避创伤的时候，时间并不能带走一个人的痛苦。国内著名心理专家施琪嘉认为，那些没有妥善处理的创伤，即使现在看起来相安无事，但迟早会发作，突然某天表现出攻击性，要么伤害他人，要么伤害自己。面对情感创伤，最好的应对方式并不是回避，而是面对。接受失恋是走出失恋的第一步。

（2）及时宣泄悲伤情绪。失恋后最需要做的就是宣泄自己的悲伤情绪，这个过程一定不能忽略。失恋给人造成的心理创伤与失去亲人比较相似。这些人都是你生命中曾经非常重要的人，不同的是在失去亲人的时候，一般都有很隆重的告别仪式，整个社会鼓励你哭泣、倾诉和宣泄，而失恋不会有这样的待遇。哭泣、向他人诉说、搜寻交往中一些美好愉快的令人终生难忘的时刻等，都是非常好的宣泄途径。也有人会借助酗酒、暴饮暴食等伤害自我的行为来避免痛苦，但是这些行为只能暂时发挥作用，时间一长就会遭受更大的痛苦。

（3）自我觉察。觉察自己之所以被困在感情的创伤中走不出来到底是因为什么。是因为无助，还是因为被伤害而感到愤怒，自尊心接受不了？还是处在一种被伤害者的情绪当中，把当前处境的责任都推给了别人？还是说根本不愿接纳感情失败这个现实？找到最困扰你的那个原因，然后理性分析一下，是不是真的如此？如果自己梳理不清楚，也可以找信任的朋友聊聊天，听听别人的想法和意见，打开自己，避免钻进牛角尖中。

（4）寻求支持。从朋友和父母那里获得支持和帮助同样非常重要，置身集体可增强温暖之感，排除被抛弃的孤独感，增加勇气和信心。在失恋发生后的最初一段时间内不要独自一人，这样很容易产生消极想法并使压抑情绪更甚。最好的做法就是告诉你信任的人：你很需要他。

（5）不要把感情的失败和对自我的评价联系在一起。面对感情的失败，人们很容易把它等同于自我的失败，会认为是我这个人不行，没有魅力，没有人会喜欢自己，不断地自我否定。其实，感情是两个人的事情，有人离开你，并不代表你就是不好的，这只说明你们两个人不合适。感情没有好不好，只有合适不合适，因此没有必要独自承担分手的责任。

（6）理性地看待自我、爱情和生活。爱情不是生活的全部，人生更重要的是对理想和事业的追求。无论你的失恋是出于何种原因，无论自我受到了何种难以承受的打击，都要首先确保自己能够试着换个角度看问题，树立正确的生活和爱情观念。有了这样的观念，才能保证在慢慢疗伤的同时不被感情击垮。

（7）自我欣赏，建立自信。努力去做能给自己的成长带来信心的事情，悦纳自己，然后去努力发现那些喜欢你的人。在这个世界上，每个人都在急切地寻求亲密关系，但成为独立的个人似乎更加重要，这决定了我们是否可以拥有更美好的亲密关系。成为更好的自己，让自己更自信。自信的人在与人相处中会少一些敏感，多一些包容和体谅，这样的爱情才能够拥有更多的可能性，也能够在将来为对方提供更好的生活基础。

（8）总结教训，学习经验。失恋也是一种成长。冷静客观地分析分手的原因，以及自己和对方在这段感情中存在的问题和双方之间的差异。通过分析，思考自己与恋人的相处模式、性格、爱情观、价值观、人生理念及对未来的规划。由此可以了解自己追求的是什么样的爱情，什么样的恋人更适合自己。随着时间的流逝，你或许会发现，一段无疾而终的恋爱关系给你带来的不只有分手时的痛苦，还有你在漫长人生中的珍贵回忆。

（9）行动转移。失恋是一段非常痛苦的经历，你可能会极度难过或对自己感到无比失望，但是你一定要行动起来，可以将精力投入学业、事业，以及对生活的热爱中去，以补偿失恋后的空虚与痛苦，升华受到挫折的情感。当你在不断提高自己时，就会站在新的起点，重新审视失恋和痛苦，就会觉得没有什么是承受不了的，失恋的悲伤也会在不知不觉中烟消云散。

七、如何平衡学业与家庭

大学生、研究生在校期间结婚是被法律允许的，但也容易给学习带来额外负担，甚至困扰。目前高校对在校大学生结婚，普遍采取"不提倡不反对"的态度。这些年，有越来越多"相对大龄硕士生、博士生"。因而，在"老龄化和少子化"社会背景下，研究生期间结婚甚至怀孕、生子都比较常见。《中国青年报》曾对"读书期间该不该生子"进行过调查，38.1%的受访者认为，在读硕士、博士期间生孩子"是明智的选择，生子学业两不耽误"；22.7%的人觉得，在读书期间生育会耽误学业；39.2%的人表示"不好说"。

（一）读研期间要不要结婚生子

近几年，研究生中已经开始出现"妈咪研究生"，且比例逐年上升。特别对于那些工作了一段时间继续回校攻读硕士的女生来说，怀孕生子的原因大多是"年龄到了"。读研、结婚、生子、毕业、找工作——"妈咪研究生"的人生轨迹，逐渐受到不少在校女研究生羡慕。研究生是一个辛苦的群体，那些认为读研期间可以学习、生育两不误的人，是把读研看得太容易了。很多研究生导师非常排斥读研期间结婚生子的女学生，主要有以下原因。

读研期间结婚生子会耽误正常毕业。读研期间结婚没问题，但是如果要生子的话就要慎重考虑了。若是结婚生子的话，可能要耽误一年左右的时间，延迟一年毕业。休学回来既要完成毕业论文又要照顾孩子，研究生导师也需要分出精力进行指导和照顾，这无形之中加重了研究生导师的负担。休学一年再回来还能跟上研究生学习进度的人并不多。女生的部分工作还要让同门替她承担。如果研究生导师无法找到合适的人选，休学回来还得重新开始课题的研究，这就让导师非常被动。导师觉得一些有天赋的学生因为结婚生子而耽误学习和研究，致使一些研究成果被搁置，确实非常可惜。

【典型案例】

妈咪研究生

小李本科毕业后进入了一家企业担任行政管理工作，工作两年后，小李选择了继续考研，跟男朋友商量后，对方也非常支持，并向她求婚。两人约定好考上研究生后就结婚。有了男友的大力支持，小李也是全身心投入了复习准备，并顺利通过了初试、复试，成为一名全日制研究生。在开学前两个人领了证，办了一场盛大的婚礼。小李就正式进入了学习、家庭两手抓的生活中。因为小李需要经常在学校学习、住宿，老公上班也比较忙，尽管有自己的新房，但小两口就住在公婆家。

一年后，小李怀孕了，没课的时候就在家里安心养胎，本以为有长辈照顾的日子会舒坦很多，不过婆婆对于小李的照顾却让她非常不自在，每天吃什么、喝什么、做什么都在婆婆的管理下，小李跟老公抱怨了几次，老公便跟婆婆说了这件事情，让妈妈别过多干涉媳妇，婆婆觉得儿子"有了媳妇忘了娘"，自己全身心照顾，还被批评指责，所以跟小李在一起的时候就明显带着情绪。往后的日子里，老公不在家的时候，小李就借口学校里有事情要忙尽量不回家。跟老公约好了一起到家，如果到了小区老公还没到，小李就在小区门口转悠等待老公回来。

小李的肚子越来越大，学校里都是上铺下桌的设计，休息很不方便，舍友劝小李回家更方便些，因为大着肚子爬楼梯也让舍友觉得有点担心。小李对于舍友的好心和担心觉得有点不好意思，不过一想起来在家里心情憋闷的感受，小李就买了很多吃的喝的放在宿舍里跟舍友分享，宁可忍耐着各种不方便也不想回家看婆婆脸色。

孩子出生时，小李的妈妈到医院照顾，从医院出来又去月子中心待了一个月。然后回到了小李家，刚开始家里气氛还是蛮和谐的，小李的妈妈负责管孩子，婆婆买菜做饭。没过多久，因为饮食习惯和对孩子照顾方式的不同，两个亲家妈也是各自生闷气，时不时还出现一点小矛盾和小冲突。作为新手妈妈，小李要照顾孩子还要恢复身体，再加上还有学校的学习任务，不仅要没日没夜温习，还要定时给孩子喂奶，两边牵扯消耗巨大精力，她几近崩溃。一边哭一边喂奶，觉得天底下再也没有比她更困难的人了。老公虽然能够给自己帮帮忙，但是他的工作也很忙，不在家的时间很多。小李觉得自己似乎都出现了产后抑郁的现象，心情低落，看着床上的小宝，后悔自己怎么就这么早生了孩子。同学们都在努力看书查文献，自己则每天面对家庭的矛盾冲突。小李觉得自己还是一个在学校里学习的学生，怎么忽然之间就有这么多的事情需要处理，让她觉得实在应付不来。

本案例中的小李工作两年后考取了全日制研究生，与男友结婚生子，并与公婆住在一起，本以为长辈可以在生活上多加照顾支持，却因价值观念、生活习惯等不同造成婆媳关系紧张。特别是生育孩子之后，小李因为照顾孩子、恢复身体、学业繁重、老公工作忙不能照顾分担等多重压力陷入了产后抑郁的情绪中。建议可以通过以下方式进行调整：

1. 转移注意力，找回意义感

绝大多数产妇在产后，都会有一段较长时间的产假，在这个阶段既不出去工作，也没有娱乐社交。产妇除了喂奶就是带孩子，很容易由于社交隔绝、育儿冲突、家庭矛盾而加重胡思乱想，甚至产生人生无望、活着没意义的感觉。如果产后的确面临严重的不愉快的生活事件，甚至问题棘手难以解决，不要让精力总是集中在不良事件上。越想不愉快的事心情就越不好，心情越不好就越容易钻牛角尖，陷入情感恶性循环的怪圈中。所以要适当转移自己的注意力，将注意力转移到一些愉快的事情上，关注自己的喜好，不仅在思维上转移，还可以在行动上参与一些令自己感到愉悦的活动。

2. 通过饮食、运动调节情绪

产前胎盘类固醇释放达到最高值，使孕妈妈情绪非常愉快，而产后却骤然减少。这样的身体巨变，会让妈妈们感到说不出的沮丧和伤心，常常感到无法控制情绪，无法自我调节。面对轻微的抑郁发作，可以尝试着服用维生素 B、维生素 D，或者喝点热巧克力，以及适当运动流汗、晒太阳来增加多巴胺的分泌。如果长时间难以调整，就需要寻求医生的帮助。

3. 自身心态成长建设

可以尝试多想自己的优点，多看事物的好处，多想事情可能成功的一面。生儿育女只是女性自我实现的一种方式，但绝不是唯一的方式，所以不要忘了还有其他自我实现的潜力和需要。采用积极的认知、情绪和行为模式，提高对环境的适应能力，避免消极的应对方式，如自我否定、悲观消极、躯体化、回避等，减少负性情绪和消极行为。

（二）如何兼顾科研和家庭

攻读博士研究生，完成导师交给的任务，顺利拿到学位并非易事。博士研究生的科研生活充满了挑战与不确定性。如果想在学术这条路上继续前行，更要付出难以估量的精力。对于已经步入婚姻、为人父母的博士研究生而言，他们在完成学业的过程中需要将有限的精力分出一份给家庭和子女，这更是不容易的。家庭的责任不会因为读博而有所优待，子女的成长也不会因为读博而按下暂停键。如何平衡学业与家庭的关系就变得尤为重要。

【典型案例】

学习、工作、生育如何平衡？

小 A：收到博士研究生录取通知书的同时，医院检查确定怀孕。博士研究生读了五年半，一边工作，一边带孩子，一边读博士研究生，情绪崩溃无数次，时刻觉得自己要猝死。答辩当天，秘书宣布同意授予学位的瞬间，我在答辩台上泪如雨下。五年的奔波和痛苦折磨，无法向人明说。

小 B：理科女博士研究生，白天忙于做实验，晚上在学校宿舍不停地念叨居住在外地的两岁多的宝宝。虽然电话和网络视频能促成与丈夫、孩子交流，但分居的苦楚还是难以言表的。曾多次打算休学回家照顾小孩，皆因参与的研究课题不能中断而未果，因不能陪伴孩子成长而深感自责。

学业与家庭的双重角色冲突影响在校已婚研究生，特别是女研究生的自我价值定位。社会和家庭似乎也对母亲照顾孩子有着更多的期待。为人父母的角色不同，责任也不同。特别是对于年幼的孩子，女性在家庭中承担着更多照顾孩子的责任。案例中的小 A 和小 B 是已婚博士研究生的典型代表，一方面她们希望在学业上获得成功，实现自身的价值，另一方面她们持续受到传统观念的影响和来自家庭的压力，对于不能照顾孩子怀有深切的自责情绪。这种学业和家庭两方面都想成功的愿望，常常使她们无所适从，从而不可避免地陷入尖锐的角色冲突之中，这样的心理冲突是心理学中双趋冲突的典型表现。双趋冲突是指个体必须对同时出现的两个具有同等吸引力的目标进行选择时产生的难以取舍的心理冲突。用中国古人的话来解释，就是"鱼与熊掌不可兼得"。在这种情况下，如果夹带着情绪色彩，个体体验到的压力就越发严重，痛苦就越大。目前学业与家庭的双重角色冲突已成为已婚、已育研究生最典型、最现实的心理冲突。

生育这件"小"事，虽然看起来只是夫妻双方的私事，但是将其放在社会背景下，这件私密"小"事就与导师的利益也密切相关起来。脱离国家政策与高校政策，只谈女博士研究生生育是不客观的。国外的院校有着一系列关于生育的福利，但目前国内却不完善。在国内，一些高校会对导师有绩效考核，对其所带博士研究生的论文数量进行规定，当学生在规定时间没有完成规定数量的科研绩效时，就需要导师替代，也就是由导师写论文弥补缺口。有些专业的博士生导师一次只能招一名博士研究生，直到这名博士研究生毕业后才能招收下一名；导师同时还要负担学生的一部分补贴。这些硬性的要求横亘在导师与学生之间。因此，当学生因为生育挤占了科研的时间，导致拖延论文发表时间、毕业时间时，导师就会非常焦急。一些理工专业需要做实验，实验过程中接触的试剂等对孕妇本身也有影响。除了学业的问题，有些学校对博士研究生参加国内外大型会议的次数也做了要求，参会的费用则由导师承担。此外，有些学校还积极鼓励博士生毕业去留学。不论是科学研究过程还是参会、留学等，都需要投入大量的精力与时间，这与同样需要花费精力与时间的生育、抚养似乎无法和谐共处。

北京大学张海霞教授作为一名已经成为母亲的博士生导师，呼吁更多人理解女性结婚生子的过程。职业成功是人生中不可或缺的一个重要支柱，女性结婚生子更是人生和人类社会发展、繁衍生息的根本保证，也是绝大多数女人和家庭的正常和必然选择。但是作为博士研究生，尤其是女博士研究生，需要规划好自己的人生，才能做到鱼与熊掌兼得。

对高校中的女研究生来说她们首先是女人，做母亲是她们的权利，生育权是基本人权，怀孕的想法和生育的打算应该得到社会的尊重，但也应该尽量避免与科研的冲突，平衡好学业和生育、生活与工作等诸多关系。对于研究生这个角色来说，学业和科研是第一位的。对人生而言，角色是多重的，所以需要协调好。

高校女研究生身兼学职和母职的双重身份，面临更多的学业困境、社会压力和心理冲突。

母亲的身份赋予了她们新的使命和任务，对母职的正向意义和功能的认可是她们实现学业突破的前提和基础，推动她们不断更新自我认知并进行自我塑造。从学业初期的慌乱到后期的稳定，学习和学校生活成为生活琐事之外的一股甘泉，重返校园后对学业的渴望提升了成就动机，日常学习中对碎片化时间的高效利用也成为顺利推进学业的重要保障。

研究生阶段不可避免地会遇到各种困难和障碍，如何在复杂的问题情境中做好自我心理疏解与健康人格建设，是解决学业问题的重要着力点。在平凡的岁月里保持对学术的热爱和追求，并通过高效率作业弥补母职的缺失，助力自我走出学业困境。

1. 处理好家庭关系

所谓攘外必先安内，成家立业并不矛盾，处理好家庭关系，会提升一个人的幸福感。步入婚姻后，家庭日常的各种杂事会增加。同时，孩子出生后对于孩子不可或缺的陪伴也是非常重要的，要学会化解"甜蜜的负担"，学会宽容，不要对家人过于苛责，用慈悲的眼光看待他们，关心他们的需求和感受，以和谐和睦的态度对待家庭关系。

2. 有效沟通

在你决心考研/考博的那一刻起，就需要跟家人进行有效的沟通，获得家人的理解与支持。家人可能无法在学业上给予多少帮助，但能够为你分担一些家庭琐事，帮助你照顾好孩子，这些都是非常重要的。孩子见到的是父母认真学习、积极努力上进的样子，长期耳濡目染也会呈现出积极努力上进的姿态。

3. 高效陪伴

每天留出固定的时间，放下学习与工作，专心陪伴孩子。聆听孩子分享学校的趣事，表扬孩子新学会的小技能。周末安排好时间，陪孩子外出，去兴趣班等，还可以在等待孩子下课的时间中看书学习，做到陪伴和学习两不误。

4. 合零为整，处理好学业问题

对于已婚已育的研究生来说，学习时间上的管理确实是比较零碎的，要学会化零为整、劳逸结合、健康作息。跟单纯的学生身份不同，已组建家庭的研究生在生活上会消耗大部分精力，很难有许多完整的时间进行学习。针对这一问题，有效的解决办法是把科研内容划分为单独的板块，再利用零散的时间，针对这些板块逐一进行攻破。要劳逸结合，不能只是学习、工作、家庭"三点一线"，适当加入一些运动，比如跑步、散步、做瑜伽等。放松身心的同时也有助于恢复身心精力，以最好的状态迎接挑战。

【典型案例】

左手科研，右手妈妈，怎样平衡？

M老师，某211高校教授、博士生导师，二胎妈妈，大宝7岁，二宝5岁。作为一位教授和二胎妈妈，M有着一张科学的作息时间表，每天严格执行，高度自律让她发掘了人生更大的可能性。

5:00起床，处理核心工作，例如写论文，做实验方案设计；

7:00叫孩子起床，准备早饭，送孩子去上学；

8:00到达办公室，继续处理核心工作；

9:30处理需要与他人合作的工作，组织讨论，参加视频会议等；

11:00吃午饭，与大部分人错峰吃饭，不用排队，节省等餐时间；

11:30趁着同事都去吃饭，办公室很安静，继续处理科研核心工作；

13:30午休；

14:10下午办公室环境比较嘈杂，一般安排做实验；

16:30安排次核心工作，如实验数据回档整理、邮件回复、当日工作总结、第二天工作安排等；

18：00 接孩子放学，辅导功课，监督运动；

22：00 上床睡觉。

下午六点接到孩子以后，时间基本上都是属于她们的，陪着运动，陪着阅读，全职当一个二孩妈妈，直到晚上十点熄灯睡觉。

在不加班的情况下，每天能够集中注意力处理核心工作的时间有 7 个小时，个人感觉如果理想不是冲刺院士或诺贝尔奖，只是做一个科研工作者的话，是完全足够了。

在陪伴孩子方面，每天有完整的 4 个小时，加上早晨的 1 个小时也算是合格的妈妈。

第三节　研究开展阶段

研究生入校后开展科学研究工作，需要发挥想象力和认识现实的能力，不断地拓展研究的深度和广度，特别是遇到困难和挫折后更需要脚踏实地，持之以恒，把学术生涯当作快乐的发现之旅。科研是一个漫长且屡屡受挫的过程，需要经历漫长的孤独和等待，以及在一次又一次跌倒之后勇敢爬起来总结经验的韧性。在不同的阶段，需要制订相应计划，合理安排时间，才能保证一切都有条不紊地进行，切忌事情到了跟前再去做。每一个阶段都应该吸取前一个阶段的经验，提高下一个阶段的工作效率。

一、如何撰写文献综述

【典型案例】

文献综述写不好，该怎么办？

小 A 刚刚考入自己理想的院校，开始攻读硕士研究生。他很兴奋，也铆足了劲希望能尽快参与导师的课题研究，确定自己的研究方向。本科时，小 A 已经发现了自己在学科里的兴趣点，不过都是一些零星想法。他现在选的导师是一位海归博士，年轻有为，拿到了国家级课题的资助，希望尽快作出一些有影响力的研究成果。因此，导师对学生的科研要求不仅高而且严格。入学后，导师给小 A 分配了任务，根据自己课题的研究内容搜索文献，完成一篇文献综述。小 A 非常兴奋，感觉不能辜负导师的期待，每天起早贪黑去图书馆查阅资料，想着抓紧把文献综述写出来。小 A 写完初稿，把电子版发到导师邮箱后，第二天导师说这个综述不够全面，让他继续修改。小 A 想着好吧，导师也没说太多，还是自己写得不行。可是怎么修改，导师也没给出具体意见。小 A 有些困扰，又不敢问太多。他继续搜索文献，把一些相关内容做了删减，然后把修改后的文献综述拿给导师看。结果导师说深度不够，还需要打磨。小 A 想怎么才能写得有深度呢？他就开始请教身边的师兄师姐，该怎么让文献综述写得有深度。有个同组的师兄建议他参照一些已发表的文献综述，按照样式修改。小 A 就按师兄发给他的成熟范例修改好，发给导师。导师让他在课题研讨会上报告这篇文献综述。于是小 A 就将文献综述的内容做成了 PPT，在研讨会上分享。可是等小 A 报告完，导师却说这篇文献综述非常差劲，内容宽泛没有紧扣主题，对文献的挖掘太浅显，像这样的写法，根本写不出一篇合格的文献综述，更别提发表到好期刊上了。听了导师的点评，小 A 真想找个地缝钻进去，内心充满委屈和愤怒。觉得自己付出了那么多努力，导师根本看不见，只是一味批评和指责。他非常内疚，怎么连一篇文献综述也写不好？

很多人刚上研究生，可能都碰到了像小 A 一样的困境。自己非常努力写了一篇文献综述，结果被导师批评，总是不能让导师满意。很多导师只有批评而很少建议，学生只是知道他不满意这篇文献综述，却不知道写成什么样子才能让导师满意。尽管每个导师对学生要求的严格程度不同，比如一些导师的科研追求比较高，要求学生要达到某种高度，但是一篇合格的文献综述的写作还是有章法的，根据这些基本的章法来写作文献综述可以达到事半功倍的效果。

（一）为什么要写文献综述？

很多研究生一开始不清楚写文献综述的目的，容易写成流水账的形式，只是罗列文献或者简单介绍文献的内容，而没有对文献的研究内容进行分析和加工，没有把文献综述中的研究与自己的研究主题结合起来，前人的研究和自己的研究就像两个独立的部分，没有有机结合起来，研究基础不牢固。这也是很多研究生的文献综述只停留在描述阶段，而无法从逻辑上支撑后续研究设计的原因。这样看似叙述了很多文献，但是研究内容宽泛，无法聚焦在研究主题上，导致出现研究问题与理论论述在逻辑层面上脱节的情况。

写文献综述的目的在于：熟悉这个研究领域的内容；确定合适的研究问题；了解与研究课题有关的前人研究的内容和特点；在专业论文中寻找证据说明自己目前所从事的研究题目的必要性；提高对研究的兴趣。文献综述是对他人研究成果的综合，它体现了对某个研究问题的探索过程。文献综述体现了研究者对已有研究了解的程度，研究问题的提出和问卷等的设计也是以此为基础，同时文献综述也能体现调查的价值，可以将他人的研究发现进行比较研究。

写文献综述是做一切研究的基础。当我们进入到某个研究领域时，首先需要全面了解这个领域的相关知识，而获取这些知识就需要阅读这个研究领域中的已有研究及其进展情况，前人都做了哪些探索？取得了哪些研究成果？这些研究发现能够得到什么样的结论？还有哪些部分仍有待探索或者需要进一步探索？在了解的过程中，通过对已有研究的消化吸收，可以进一步明确自己接下来的研究方向和问题。所以文献综述不是简单的阅读，而是需要批判性地阅读文献，在阅读中加入自己的分析判断，形成自己对该领域研究的认识和理解，并通过这个过程明确自己可以深入研究的问题。文献综述要求尽可能全面地描述研究领域。不过大多数情况下，很难穷尽所有文献资料。但是那些经典的研究、开创性的研究、有标志性意义的研究等需要包括在内，同时也要求一定要追踪到最新的研究。文献综述可以帮助研究者梳理研究方向，掌握研究领域发展的来龙去脉，从而形成对该领域研究之间的逻辑关系的认识，帮助研究者站在已有研究的基础上寻找自己的创新点，所以文献综述中需要加入写作者的前瞻性思考和感悟，给阅读文献综述的研究者提供一些研究的参考路径。

对于研究生小 A 而言，导师让其所写的文献综述，一方面可以作为一篇独立的综述类文章投递相关期刊。如果小 A 选择将这个研究领域作为自己的学位论文研究方向，那么这篇文献综述也关系到小 A 学位论文的开题，是小 A 提出学位论文研究设计的基础和根据。将来在毕业论文写作时，这篇文献综述也是学位论文重要的研究背景或引言部分，陈述已有的研究成果，并据此提出自己的研究问题。从这个角度来讲，写出一篇好的文献综述对于研究生生涯非常重要。有了好的文献综述基础，对于后续发表期刊论文和写作学位论文都大有裨益。

（二）如何撰写文献综述？

1. 大量阅读文献

首先，需要一定的文献阅读量。如果论文没读到一定的数量，研究生是很难对相关研究领域的热点、难点及创新点进行快速反应和判断的。刚入学的研究生在科研上，要愿意花大量的时间阅读文献。其次，要进行文献的筛选，进行泛读和精读。从阅读文献的标题和摘要开始进行筛选，对于觉得需要详细了解和重要的文献进行泛读。在泛读的基础上进一步挑选与研究主题更加密切的文献进行精读。这样能快速了解某一领域的研究前沿，某一研究方向的最新进展。遇到综述类文章，可以浏览作者撰写的综述部分和引用的参考文献，再搜索相关文献获取这一领域的背景知识和理论基础。

2. 选择重要文献

完成文献检索后，需要筛选出最终会纳入文献综述的论文。先通读每篇论文的标题和摘要，再确定要通读全文的论文，然后对每篇论文的研究成果和研究结论进行评估和总结。记下这些论文采用的研究方法和研究过程。

3. 创建结构式摘要

针对检索结果中最重要的论文，创建结构式摘要。结构式摘要与传统摘要类似，但通常包含更多细节，是根据论文的结构来设计的。一些期刊要求作者提供结构式摘要，但许多期刊无此要求。你会发现许多已发表的论文，其摘要比较短，而结构性摘要所包含的信息更多。对于有结构式摘要的论文，要将结构式摘要收集起来，可以在结构式摘要的结尾加上注释，写下想法。

4. 选定研究主题

选定了将会最终纳入文献综述中的论文之后，需要确定主题。对文献进行编号是一种很好的方法。对文献进行编号的流程与对定性数据进行编号的流程类似。当你阅览文献并撰写带注释的结构式摘要时，记下所有找到的主题或发展趋势。为每个主题选择一种高亮颜色，然后从头阅览文献，用相应的颜色将每个主题论证的节选段落标亮。然后，制作一个表格，将每个主题作为表格的表头，将节选段落放在相应主题对应的单元格。

将所有的节选段落归放在各主题对应的单元格之后，就可以将这些主题相互合并，确定新的主题，重新命名主题，相应地调整节选段落的位置。你可以与同门讨论，看看他们是否会发现特别之处，看看一致认为哪些观点是相互印证的，哪些观点是相互冲突的。虽然这种确定主题和脉络的方法"技术含量低"，但是它能够让我们清晰地确定主题以及所阅览的文献能否支撑该主题的论证。完成这个程序之后，所确定的主题可以作为文献综述部分的副标题来使用。

5. 开始写作

至此，你已经准备好开始撰写文献综述了。先确定文献综述部分所采用的组织结构，记下你阅览过的文献所采用的结构，以寻找灵感。然后从引言部分开始撰写，引言以一到两个段落为宜。用副标题来整理文献综述的主体内容，副标题可以来自你此前确定的主题和发展趋势，还可以按照时间顺序来撰写文献综述。文献综述需涵盖所有文献在研究方法方面的共性与差异，记下文献之间的主要冲突和不足之处。在文献综述的结论部分对关键点进行总结，并指出需要进一步研究的问题。

【小贴士】

文献检索的步骤与方法

确定文献检索范围。进行论文检索之前，需要确定文献综述的范围。文献综述中要涵盖哪些内容？准备检索的具体研究领域是什么？要不要将检索范围局限在本学科？要不要将文献综述限制在某一段时间内？比如过去五至十年内，对于超过以上时间范围的，是否仅参考具有开创性意义的文献？决定你要采用的研究方法，然后检索使用了该研究方法的论文。

列出检索词。文献检索的第一步是列出与研究选题相关的检索词。检索词也就是研究的关键词。检索词需要全面覆盖研究主题的词汇，包括中文和英文。中文检索词，要注意多个词语与相关词语。英文检索词还得注意大小写、不同拼写和组合等。这些关键词最好有明确的指向性，从而保证检索结果在合理的数量范围内，但又不能太过具体，否则会无意中错失一些相关文献。可以通过浏览研究领域内的学术期刊，列出关键词。通读标题和摘要，寻找与你的论文选题相关的词语和词组，再利用期刊网站上的检索功能，来进一步缩小检索范围。也可以请教你课题组的导师、师兄师姐或同行，请他们推荐一两篇与研究主题相关的文献来参考。通读这些文献，列出关键词。还可以通过参考阅读文献引用的参考文献来寻找关键词。

确定检索的数据库。确定好检索词后，需要确定检索的数据库。常用的中文数据库有：CNKI 中国知网系列数据库、万方数据知识服务平台、中国人民大学复印报刊资料全文数据库、维普中文科技期刊数据库、中国科学文献服务系统（CSCI）、中国社会科学引文索引（CSSCI）等。常用的英文数据库包括：Web of Science, Science Direct, Wiley,

Medline，Scopus，Google Scholar 等。大多数数据库有高级筛选功能。比如我们可以选择自己想要检索的时间范围、是否需要查找文献全文或者某一作者的论文。有些数据库包含了对检索到的文献的简单分析，根据文献的发表年代、国别与地区、发表期刊等进行文献结果的进一步分析。有效的分析可以让我们寻找到高被引的文献与高被引的研究者，都能更好地帮助我们了解感兴趣的研究领域和研究主题的进展情况。

注意事项

（1）保存你的检索过程，以便重复检索时可以参照。

（2）开始文献检索时，尽早确定文献检索的范围，并需要在综述中进行说明。

（3）对于没有获取全文的文献，可以摘录下标题、作者和期刊。需要全文时，方便通过其他方式获取。

（4）最好使用文献管理系统来管理自己收集到的文献。

（5）如果发现已经有相关的文献综述发表，也不要轻易放弃，可以在这篇文献的基础上，整合之后出现的新的研究成果，完善这篇综述的思路。如果需要也可以重新规划这篇文献综述。

二、如何准备开题

科学研究是一项极富创造性的工作。读研究生期间，很多人都很头疼论文的撰写。科研论文好写吗？简单来说，只要有非常好的研究工作，论文的撰写只是用文字把科研工作描述出来。但是如果没有好的科学研究工作作为支撑的话，论文的撰写就是一件难上加难的事情。因此，只有做好学术研究才能撰写好的学术论文。当我们选择要走科研这条路时，要解决的一个基础性问题就是：确定自己的研究方向。研究方向确定得越早，毕业论文研究主题的准备时间越充分，我们的科研之路就会走得越顺畅。如果一直不能确定研究方向，那科研之路就可能充满迷茫和坎坷。

【典型案例】

怎么准备开题？

小 B 是从某二类院校本科毕业考到某一类重点大学的研究生。能考到重点大学，小 B 已经成为很多同学的美慕对象。小 B 自己也是充满了自信，对自己的研究生生涯充满了憧憬。小 B 研一开始每天按部就班上课，定期参加实验室的组会，帮师兄师姐做点小实验，也参加了导师的几个课题研究。现在面临着毕业论文的开题准备，小 B 感到越来越茫然，不知道自己该怎么确定毕业论文的研究主题。之前和师兄师姐交流发现，他们有的是本科阶段就跟着导师在做研究，有比较好的研究基础。有的就以导师的课题研究作为自己的研究方向。但是小 B 对目前导师的项目研究不是非常感兴趣，而且因为之前接触得比较少，感觉做起来也比较吃力。如果以此为毕业论文的研究主题，感觉压力会很大。研一上课期间小 B 发现自己对一个研究方向非常感兴趣，觉得很有意思。但是真正深入了解了，发现又不是自己想的那么一回事，也不确定能不能做好。而且导师似乎也不是很擅长小 B 感兴趣的方向，指导起来难度也大。在小 B 在几个选题之间徘徊犹豫中，到了毕业论文要开题的时候，小 B 非常焦急，就只能根据之前做的研究内容凑凑合合完成了开题报告。果不其然，由于准备仓促，开题报告被评审专家严厉批评，并指出必须重新开题，否则无法通过。身边的室友、同学基本都通过了开题，只有自己还没通过，小 B 内心充满了痛苦，当初那个优秀自信的自己充满了挫败感，怎么连开题报告都写不好？

进入研究生阶段以后，和小 B 一样，很多同学还保持着本科的学习模式，研一阶段认认真真上课。到了研一下学期，面临毕业论文开题时，有少数幸运者，提前进入实验室跟着导师打下了一些研究基础，也有一些人对自己想做什么有明确的想法。但更多的研究生在这个时候会充满迷茫，不知道该怎么确定自己的研究方向和毕业论文的研究主题，常常会感到心里没底。那么，如何应对这一情况呢？

（一）选择研究主题

【典型案例】

如何选题？

张某，研究生二年级，理工科。张某研一时跟着师兄做实验，亲眼看见师兄熬了好几个月做实验处理数据，却因为实验结果不理想而延期毕业，到手的

offer（工作机会）也因为不能按时毕业而泡汤了。张某在选题的时候就不敢挑战有新意的方向，想着按部就班得出预期的实验结果。为此，张某深思熟虑，仔细思考实验的各种可能性，也到处请教老师和同门，要等到有确定的可预期的结果才会开始实验。就这样，在反复论证和思虑当中，张某耽误了很长时间，迟迟无法开始做实验。

任何一个研究生，对于如何确定毕业论文的研究主题都是十分关心的。有些研究生不知该如何选择研究主题，更多的学生则是对学位论文研究主题到底有什么要求不清楚，不知从何下手，常常为选定学位论文的研究主题而发愁。学位论文研究主题的确定是学位论文研究的起点，决定着整个科研的成败。它决定了研究方向的恰当性、研究方法的合适性、研究结果的可能性和科学性。学位论文的主题包括科研成果的社会经济价值和科学价值。

1. 论文选题及其重要性

所谓选题，顾名思义，就是选择论文的论题，即在写论文前，选择确定所要研究论证的问题。选题是完成学位论文的第一步，课题的选择直接影响到整篇论文的主题和研究方向。选题就是一种创意，就是一个"点子"。写论文，一半功夫在选题上。因为选题就是确定一篇论文的研究目标。提出问题是解决问题的第一步。通过选题，可以大体看出研究生的研究方向和学术水平。题目选好了，就好比找到了储量既丰富，开采又便利的矿产。研究越深入，收获越多，兴趣也越大。如果题目选择不当，则会事倍功半，甚至半途而废。题目选得好，则可以起到事半功倍的作用。爱因斯坦曾经说过，在科学面前，发现问题往往比解决问题更重要。因此，选题是否恰当直接影响着论文的质量，关系到论文的价值，决定着论文的成败，也直接关系着学术成果的质量和水平。正确而又合适的选题，对撰写学位论文具有重要意义。

2. 选题类型

按研究方法的差异可以把论文的题目分为理论型和实践型。

理论型论题：这类论文以理论探讨、发现和总结一般规律为主要特征，运用的主要研究方法是理论分析法。

实践型论题：这类论文以总结工作经验、研究工作方法为主要特征，以理论为指导去发现探索工作实践中的一些规律，包括实验型和描述型两种。

按照选题被研究的程度分新论题和老论题两大类。

新论题：新论题也就是前人不曾提出的问题。

老论题：这类论题或者是前人提出尚未解决的问题，或者是前人论及尚不深入的问题，或者是前人之间存在争议的问题。

3. 选题原则

可行性原则：根据主客观条件选题，应充分发挥自己具有的优势条件。课题本身有事实根据和科学依据，研究者有学识、能力和经验。客观上有物力、财力、人力以及设备保障。

价值性原则包括理论发展价值和实践应用价值。理论发展价值是指选择对研究领域自身理论发展有意义的课题；实践应用价值则是优先选择当前经济发展、社会进步以及教育实践中迫切需要解决的一些重大问题作为研究课题。

创新性原则包含两层意思：第一层是独特性，即他人没有研究过或没有解决的问题；第二层是先进性，也就是把握研究领域国内外的前沿动态，可表现为概念上的创新、方法上的创新、应用上的创新等。

4. 选题方法

第一，浏览捕捉法。这是一种通过对搜索到的文献资料快速大量的阅读，在比较中确定题目的方法。首先，广泛浏览资料，在浏览中要注意勤做笔记，随时记下资料的纲目和对自己影响最深刻的观点、论据、论证方法和点滴体会。接着，分析资料，将资料的内容进行分类、排列、组合，从中寻找问题、发现问题。材料可按纲目分类。然后，比较资料，将自己在研究中的体会与资料分别加以比较。最后，根据自己对资料的分析比较，确定自己的论文选题。

第二，追溯验证法。这是一种先找到自己感兴趣的研究点，然后再通过阅读资料加以验证来确定选题的方法。这种方法需要我们善于捕捉头脑中一闪而过的念头，并抓住不放进行探究，将兴趣点对应到研究领域中的某个研究主题。首先，看自己的兴趣点和想法是否对别人的观点有补充作用。其次，通过阅读文献资料等，看自己感兴趣的研究点是否与别人重复。

合适的选题可以保证写作的顺利进行，并提高研究能力。对于研究生来说，撰写学位论文并不是一件轻松的事。如果学位论文的题目过大或过难，就难以完成写作任务；反之，题目过于容易，又不能较好地锻炼科学研究的能力，达不到写作学位论文的目的。因此，选择一个难易程度合适的题目，可以保证写作的顺利进行。通过研究选题，能对所研究的问题由感性认识上升到理性认识，加以梳理使其初步系统化。通过对这一问题的历史和现状研究，找出症结与关键，不仅可以更加清楚地认识问题，而且能让研究者对研究工作更有信心。

学位论文的选题是在导师的指导下进行的，有的学生自己不做独立思考，完全依赖导师给出题目；有的学生缺乏研究分析，信手拈来、拿过题目就写。这些做法都是不正确的。一方面不利于自己主观能动性的调动，限制主观能动性的发挥，不利于增长知识，提高能力。同时，撰写学位论文不经过选题这一具有重要意义的研究过程，对文章的观点、论据、论证方法认识不充分，材料准备不足，勉强提笔来写，就会感到困难重重，有时甚至一筹莫展，可能需要推倒重来。

（二）制订研究计划

一旦选择了论文的题目，检索了相关背景信息，将研究问题具体化，下一步就是制订研究计划。制订研究计划的目标包括你到底想要研究什么？如何产生了这个想法？研究的意义在哪里？研究的重点与创新在哪里？

研究计划包括两类：理论性研究的研究计划，通常包括理论的焦点、研究背景、研究目的、从哪几个方面分析阐释自己的观点等部分。实证性研究的研究计划包括：研究背景、研究目的、研究假设、研究方法、预期结果等部分。其中以动物和人作为研究对象的实证研究，需要充分考虑伦理原则，并通过伦理委员会的审核。研究计划是学位论文撰写的初步提纲。

写作提纲是学位论文撰写的前提。论文的写作提纲是研究者构思谋篇的具体体现。有了一个好的提纲，就能纲举目张、提纲挈领，掌握全篇论文的基本骨架，使论文的结构完整统一；就能分清层次，明确重点，周密地谋篇布局，使总论点和分论点有机地统一起来；也就能够按照各部分的要求安排、组织、利用资料，决定取舍，最大限度地发挥资料的作用。

论文提纲可分为简单提纲和详细提纲两种。简单提纲是高度概括的，只提示论文的要点，如何展开则不涉及。这种提纲虽然简单，但由于它是经过深思熟虑的，能够帮助后期论文写作的顺利进行。没有这种准备，边想边写，很难顺利写下去。详细提纲，是把论文的主要论点和展开部分较为详细地列出来。如果在写作之前准备了详细提纲，那么，执笔时就会更顺利。论文只需要在详细提纲的基础上添加具体的细节信息即可。简单提纲和详细提纲都是论文的骨架和要点，选择哪一种，要根据作者的需要。如果考虑周到、调查详细，用简单提纲问题不是很大；但如果考虑粗疏、调查不周，则必须用详细提纲，否则，很难写出合格的学位论文。总之，在动手撰写学位论文之前要拟好提纲。

很多研究生不大愿意写提纲，喜欢直接写初稿。如果一开始你对于全文的论点、论据和论证步骤是混乱的，编写一个提纲是十分必要的。第一，提纲可以体现作者的总体思路。提纲是由序码和文字组成的一种逻辑图表，可以帮助我们考虑文章全篇逻辑构成的写作设计图，从而掌握论文结构的全局，层次清楚，重点明确，简明扼要，一目了然。第二，提纲有利于论文前后呼应。提纲可以帮助我们树立全局观念，从整体出发，检验每个部分所占的地位、所起的作用，相互间是否有逻辑联系，每部分所占的篇幅与其在全局中的地位和作用是否相称，各部分之间的比例是否恰当和谐。每一字、每一句、每一段、每一部分是否都为全局所需要，是否都丝丝入扣、相互配合，成为整体的有机组成部分，这些都能为展开论题服务。第三，提纲有利于及时调整论文的整体结构，避免"大返工"。在学位论文的研究和写作过程中，我们的思维处在比较活跃的状态，刚开始一些从表面看来不相关的材料，经过深思熟虑，常常会产生新的联想或新的观点。如果不认真编写提纲，动起笔来就会被这些材料干扰，不得不停下笔来重新思考，甚至推翻重写。这不仅增加了工作量，也会极大地影响我们的写作状态。另外，如果是初次写论文，需要去请教别人，把论文整理成提纲的形式，也方便别人看懂自己的思路，提出修改的意见。

编写论文提纲有两种方法。第一，标题式写法。用简要的文字写成标题，把这部分内容概括出来。这种写法简明扼要，一目了然，但只有作者自己明白。毕业论文提纲一般不能采用这种方法编写。第二，句子式写法。以一个能表达完整意思的句子把该部分内容概括出来。这种写法具体而明确，别人看了也能明白，尽管费时费力，但学位论文的提纲要交给导师和其他专家学者阅读，所以，最好采用这种编写方法。

（三）推敲论文提纲

写作提纲拟定好后，还需要反复推敲和修改。一是推敲题目是否恰当，是否合适。要有全局观念，从整体出发去检查每一部分在论文中所占的地位和发挥的作用。看看各部分的比例分配是否恰当，篇幅的长短是否合适，每一部分能否为中心论点服务。从中心论点出发，决定材料的取舍，把与主题无关或关系不大的材料舍弃，尽管这些材料是费了不少劲搜集来的。我们必须时刻牢记材料只是为形成自己论文的论点服务的，离开了这一点，无论是多么好的材料都必须舍弃。二是推敲提纲的结构，要考虑各部分之间的逻辑关系。先围绕所要阐述的中心论点或者要说明的主要议题，检查划分的部分、层次和段落是否可以充分说明问题，是否合乎逻辑关系；各层次、各段落之间的联系是否紧密，过渡是否自然。然后进行总体布局的检查，再对每一层次中的论述逻辑进行调整。初学撰写论文的人常犯的毛病是论点和论据没有必然联系，有的只限于反复阐述论点，而缺乏切实有力的论据；有的材料一大堆，论点不明确；有的各部分之间没有形成有机的逻辑关系，这样的学位论文是没有说服力的。为了有说服力，必须有虚有实，有论点有例证，理论和实际相结合，论证过程有严密的逻辑性，拟提纲时要特别注意这一点。

三、如何开展调研与实验

当研究者确定好选题，提出科学问题后，就需要通过调查和实验等手段来论证和解决问题。调查研究是研究者根据研究目的，对特定的研究对象群体进行调查。实验研究是研究者根据研究目的，主动地对研究对象施加干预因素，并控制非干预因素的影响，以总结干预因素作用的研究。这一阶段是研究的关键阶段，往往需要花费大量的时间和精力，还可能面临调研数据不完整、实验数据不理想的情况。因此，真正的思考就发生在调查和实验当中。根据调查和实验结果不断调整研究设计和研究方案。很有可能，我们预设的问题不会出现，却会出现很多我们预想不到的问题，这都需要在调查和实验的过程当中，一步步进行解决和调整。

实验准备阶段应注意如下问题：确定研究课题；通过查阅文献和初步探索，确定研究课题的价值及其可行性；根据课题确立基本假设，并制定检验假设的实验设计；根据研究变量引入具体的实验刺激；完善对因变量的测量方法，使之具有较高的信度和效度；进行实验刺激和因变量的预实验。

【典型案例】

实验数据出错了，该怎么办？

小 C 进入实验室的第一年就开始跟着师兄师姐们收集研究数据。他从对那些实验室里琳琅满目的瓶子一无所知到瓶子摆在什么位置心里清清楚楚。每天早出晚归，认认真真做实验，培养那些生物结构，并通过计算机进行数据管理和分析。每次他都非常仔细并认真地采集数据，做好备份保存工作。实验室对于数据的管理有严格的规定。因为之前出过数据管理的问题，导师曾严厉批评了当事者。给课题组的其他同学立了规矩，做完实验必须进行严格备份和保存。同时对收集的数据要做好记录分析。小 C 是一个做事很认真严谨的人，导师也把手头一个非常重要的课题的实验研究交给小 C 来完成。就在小 C 每天忙忙碌碌感觉很充实有收获，并且实验进入收尾阶段时，小 C 发现有几个数据似乎不对劲，不知道是哪里出了问题。他叫上几个一起做研究的伙伴一起查找原因，却仍然一头雾水。该怎么办？上周向导师汇报了课题进展，导师听了很满意，还表扬了自己。硕士研究生进入收尾阶段，可是现在发现数据出现了错误，该怎么和导师去讲？因为生物学研究一旦需要重新收集数据，就意味着所有工作需要从头开始做。那不仅意味着经费的增加，也会造成时间上和进度上的倒退，更重要的是他们现在还没找到数据到底哪里出现了问题？而错误的数据也是无法撰写文章发表论文的。小 C 陷入非常痛苦而纠结的状态当中。他该怎么办？

　　小 C 碰到的苦恼也是很多做实验类研究的研究生会碰到的问题。随着实证研究的发展，研究者们通过调查、实验等方法获取了大量的研究数据。这也带来了数据的管理和存储问题。有些期刊对发表文章的原始数据的真实性要求很高，必须如实提供原始数据、数据的处理过程，以及所使用的软件系统等。有些机构会使用盗版软件进行数据处理，这也是不被允许的。文章数据要求必须是真实的，会直接影响研究结果。如果原始数据不明确不真实，那么整个研究过程就全都白费。因此，有必要对数据进行多次检查核实。

　　如果实验数据出现错误，首先得仔细核查是否是研究实施的环节步骤出现了问题。某些情况下，无法得到确定的线索时，研究者只能重新开始研究。对于一些学科而言，意味着更多时间的付出。比如生物学实验中的动物需要重新养育。以人为研究对象的研究则需要重新招募被试，需要付出更多的经济和时间代价。错误的数据一定不能故意掩盖或者隐瞒，这会产生学术欺骗。对于刚刚进入研究领域的研究生而言，这可能意味着学术生涯就此断送。数据出现问题并不意味着学生就不能进行高质量的研究，或写出一篇优秀的论文。更重要的是，学生如何应对这些问题，以及后续采取了哪些手段来解决问题。

（一）丢失重要数据

也许由于实验室出现问题或存储数据的硬盘出现技术问题等，你丢失了大量对项目至关重要的数据。首先，你应该请教导师，询问解决方法。在你有时间、有资源的情况下，可以考虑重新进行数据收集或实地考察，再次获取这些数据。

如果无法重新收集数据，那么你可以与导师讨论如何把数据丢失纳入项目，成为研究的一部分。例如，如果是由于你所使用的某种研究方法导致数据丢失（比如，一个实验出现重大错误，导致部分数据被破坏），那就会引发非常耐人寻味、同时也十分重要的讨论。你可以研究并讨论数据丢失和错误的研究方法所带来的影响，这样也能够向该领域贡献有价值的原创知识。

还有一种方法，你可以根据手头现有的数据来考虑如何对项目进行调整。虽然可用数据有限，但仍然有可能得出一些重要结论，提供有趣的见解，发展成一个独特的研究项目。

（二）数据不足

有时你可能会发现，自己尽了最大的努力，但仍然无法为博士论文收集足够的数据。这个问题最好能够在数据收集过程中尽早解决。你可以向导师描述你所面临的问题，导师应该会与你讨论在剩余时间里可以使用哪些替代方法，或者思考如何利用好你已经收集到的数据。

如果是由于你所使用的方法论和研究方法出现严重问题而导致了数据获取的问题，那么你可以在论文中重点讨论这个问题。例如，如果你正在使用一种新的方法，或正在不同类型的样本或受试者中测试一种方法，那么收集数据出现困难可能会传递出一些关于你所使用的方法或样本/受试者的重要且有价值的信息。这种情况能够让你不失时机地反思目前为止你在研究中所做的决定，并考虑还有哪些因素会对数据的收集和结果的生成产生影响。

（三）数据未得到预期结果

即使你的数据有问题，或者你的结果与预期不完全一致，也并不意味着你的研究不够好，不能获得学位。对你在数据方面遇到的问题进行解释，并阐释这些问题如何影响了你的研究进程，这些内容与你的发现同样重要。你要展示出你对研究过程中所发生的情况有清晰的了解，并说明你是如何解决这些问题的，这能够证明你作为一名研究人员有充分的能力，且善于随机应变。如果你不确定如何在现有结果的基础上继续进行研究，一定要与导师进行沟通。导师可以给你提供更有针对性的建议，帮助你有效地解决数据中出现的问题。

【小贴士】

妥善管理实验数据

1. 多备份数据

今天，我们已经进入电子化的时代，很多的数据和文本会采用数字形式进行存储，但是这也带来了新的数据管理风险。比如电脑感染病毒导致文件被隔离停止使用，移动存储设备突然坏掉或者出现问题。尽管某些数据通过一些技术可以得到修复，但很多时候可能意味着研究者的辛苦努力付诸东流。

近年来，云端存储逐步兴起。很多人会将数据上传到网络云端进行备份。使用电脑、移动存储、云端存储多个备份系统会让数据丢失的风险大大降低。最好不要随意丢弃数据，包括打印的草稿或者一些纸质资料。

2. 数据的保密与安全

一些研究者的数据会涉及保密等问题，需要警惕网络传输带来的数据泄露的风险，利用云端存储时更要慎重。

四、如何撰写论文

撰写学位论文是高等教育的重要环节，是对研究生在校期间学习和研究工作的综合检验。如何写出一篇高质量的学位论文是很多研究生需要学习的。通过完成论文初稿、反复评审与修改等打磨过程，最终才会产生一篇合格的学位论文。在为最终的学位论文做准备的同时，可以着手在自己喜欢的领域或研究需要的领域进行写作练习，练习的成果可以尝试投稿，发表为小论文。

【典型案例】

小论文发不出来，该怎么办？

小 E 最近正在为发表自己的小论文煎熬着。这篇论文从阅读文献、研究设计、研究实施、做实验数据、分析数据到写出初稿整整耗费了大半年的时间，俗话说，好论文三分写，七分改。终于在论文初稿完成后，小 E 在导师的指导下，对论文进行了反复修改，并选定了合适的期刊进行了投递。投递之后，小 E 就开启了慢慢地等待审稿意见的过程。而期刊的审稿周期也是让小 E 很着急，一个月过去，小 E 试着给编辑写了封邮件询问审稿情况，编辑回复还在审稿中。小 E 又着急又不敢给编辑发太多的邮件询问情况，觉得编辑也是又忙又累，如果问得多了，万一编辑烦躁直接拒稿，自己就悲剧了。只能无奈地每天打开投稿网站，看着"审稿中"三个字干着急。想起呕心沥血地完成这篇研究论文经历的辛苦劳累，无法预知能否发表的日夜煎熬，小 E 感觉日子变得越来越难熬了。尽管周围的师兄师姐作为过来人，都告诉他，现在期刊发表越来越难了，好的期刊审稿比较严格，发表更难，周期会更长。小 E 也会安慰自己写出来就有发表的希望。但是内心还是非常担心论文面临的不确定结果。想到如果毕业前没有发表的研究成果，可能面临延期毕业的后果，小 E 整个人都陷入了一种不好的状态之中，睡眠开始受到影响，情绪也常常会陷入悲观失望的状态。小 E 该如何应对论文发表的焦虑呢？

很多人在研究生阶段都会遇到和小 E 类似的论文发表焦虑，尤其是很多博士研究生进入到第三年或者第四年还没有发表论文。当看到和自己一起入学的同学，有的发了好几篇文章，有的确定可以按时毕业，而自己的论文发表却毫无进展时，都会加剧论文发表的焦虑。不发表即出局已成为科研界默认的潜规则。读研的过程，也是一场焦虑如影随形的历程。很多高校，尤其是名校，都会规定研究生必须发表若干篇相应期刊等级层次的论文才能申请毕业答辩，博士研究生的要求往往比硕士研究生高很多。比如一些学院会要求博士研究生在学期间应该以第一作者身份发表 2 篇与学位论文研究方向相关的学术论文，并且发表在中文社会科学引文索引（Chinese Social Sciences Citation Index，以下简称 CSSCI）收录的学术期刊上；或者以第一作者身份发表在科学引文索引和社会科学引文索引（Science Citation Index，SCI & Social Science Citation Index，以下简称 SSCI）收录的学术期刊上。这些期刊发表的论文质量要求较高，加之专业期刊数量有限，随着高校科研院所的科研人员队伍日益庞大，大家都需要有科研成果发表，这就造成了发表竞争加剧，发表论文的困难程度增加的情况。面对这种发表焦虑，我们能做点什么呢？

学习与焦虑相处。像小 E 一样遇到发表论文困境的研究生，需要学会与这种发表论文的困境和焦虑相处。首先要认识到读研需要有坐冷板凳的准备，这个时期可能会比较失望，但这个时期也是科研过程中大多数人都会经历的。希望早日发表的论文迟迟接不到接收函，会让我们陷入焦虑、悲观当中。这个时候特别需要与周围人交流，从而对论文从投稿到发表的过程有一个更加客观冷静的认识。同时需要学习调整自己的情绪状态，在等待的过程中，通过运动、聊天、聚餐等方式来排解这种焦虑，帮助自己度过这个阶段。每个研究生都有发表论文的压力，需要学习一些方法来排遣自己的压力。

避免陷入习得性无助。研究生阶段，尤其是博士研究生阶段，其实是一场在不确定中前行的旅程。是否发表了合乎要求的论文数量和质量决定了是否能毕业，也影响到研究生的求职就业。博士研究生面临着持续的论文发表压力，也有人会冒出要不要继续读下去的困扰。过高的期刊发表风险需要研究生们的强大心理承受力来应对。更大的考验在于，不再像以前经历考试后得到快速的成绩反馈，论文发表常常演变为一个漫长的过程，需要持续与能不能发表的这种状态共存。研究生需要从总是期待即时正向反馈转换为延迟满足。很多人因为长期得不到正面反馈，尤其是遇到当导师要求比较高、比较严厉、很少肯定学生，而自己的科研成果又迟迟没有得到发表的认可时，容易陷入习得性无助的困境。当面临过多的失败打击时，需要外界的支持和自我的肯定。

一般而言，小论文与学位论文在题目选择、论文结构、格式要求等方面会有一定的区别。一篇学位论文的基本格式通常包括以下几个方面：

（一）题目

题目即标题，应以最简明的词语反映论文最重要的思想内容。题目中应避免使用非公知公用的缩略语、字符、代号以及结构式和公式，要简洁明了，最好控制在 12 个字以内（最多不超过 20 个字，必要时可加副标题）。题目是为了让读者了解一篇文章的基本内容，因此必须简洁明了。题目应该是对论文主要观点的概括性总结，包括研究变量（即自变量和因变量）以及它们之间的相互关系。避免使用缩略词，应给出术语的全名以方便读者对论文进行正确而完整的检索。

（二）摘要

摘要或提要是对全文的高度浓缩，能够让读者迅速总览论文的内容。与题目一样，摘要也是各种数据库中常见的检索对象。一个好的摘要是整篇论文中最重要的组成部分。摘要既要有高度的信息浓缩性，又要有可读性，还要组织良好，篇幅简洁且独立成篇。

（三）关键词

在摘要的下方，可选 3 到 5 个符合学科规范的、有特定含义的、通用的名词术语作为关键词，关键词之间应以分号分隔。

（四）正文

正文是学术论文的主体部分，要求层次清楚，概念准确，判断真实，推理符合逻辑，要形成一个完整的逻辑系统。内容周详严谨，论证严密有力。

前言部分需要回答的问题：研究目的是什么？哪些术语需要定义？研究怎样基于或源于其他的研究？假设、预测或期望是什么？前言中文献回顾需要总结先前研究，但应避免无关紧要的细节描述，要强调相关发现、相关方法论问题和主要结论。在介绍别人的研究时，要始终让读者觉得你正在建立自己的研究题目。同时，还应公平地对待尚有争议的问题。不管个人的观点如何，在陈述一个有争议性的问题时，应避免敌意和带有个人偏向的陈述。

提出所要研究的具体问题，并描述研究策略。在开始写这部分时需要考虑：所要研究问题的重要性如何？假设和实验设计与该问题之间具有怎样的关系？该研究有什么理论意义？与同领域内先前研究有何关系？所要检验的理论问题是什么？如何解决？好的前言描述会用一段或两段文字来回答这些问题。通过总结相关论点和数据，清楚地告诉读者做了什么以及为什么这么做。提出问题和说明研究背景后，接下来就要说明具体的研究。在前言的结束部分，要回答以下问题：我打算操纵什么变量？期望得到什么结果以及为什么我期望这样的结果？这些问题背后的逻辑应该是明确的，并清楚地说明每个假设的理论基础。

（五）研究方法

研究方法部分要详细描述研究是如何进行的，说明你对变量的处理过程。这部分一定要写得清楚、完整，尽量告诉读者需要知道的每件事。这样的描述可以使读者对你的方法的适当性以及你的结果的可靠性和有效性（即信度和效度）进行评价，也可以使感兴趣的研究者能够重复这个研究。概言之，研究方法部分应该足够详细地告诉读者你做了什么以及怎样做的，以便读者能够借鉴你所进行的研究。

（六）研究结果

写研究结果前需要回答的问题：你发现了什么？你如何详细地说出你所发现的？这是你要准确表达以及切入的要点吗？你所陈述的内容读者能够明白吗？你是否遗漏了一些重要的方面？在该部分中，你要向读者说明主要的结果或发现，尽量详细报告数据以验证结论。要报告所有相关的结果，包括那些与假设相矛盾的结果。实验研究或实证研究的结果通常会选用表格来提供精确的数值，更直观地呈现研究结果。

（七）讨论

写讨论前需要回答的问题：你的研究目的是什么？你的研究结论与研究目标是怎样联系的？存在有趣的或者意外的发现吗？你的发现具有有效性和普遍性吗？这些发现有意义吗？是否有可替代的方法来解释你的结果？讨论是一篇文章中最富有创造性的部分。在这里可以对研究结果进行评价，并解释研究结果的意义，特别是与你的初始假设有关的结果。你可以自由地检验、解释和描述结果，并对结果进行推论。要强调对结果的理论分析以及所得结论的有效性，这一点很重要。在讨论的开始部分，应清楚地说明是否支持所提出的初始假设，还应说明你的研究结果与他人研究的异同，以及你是如何证明你的结论的。但不要简单地重组或重复已经说明过的观点；每个新的陈述都应有利于说明你的立场，并有助于读者对问题的理解。应该承认研究中存在的局限，接受而不是掩饰负面结果。

这部分最容易犯的毛病是缺乏组织。因此在开始写讨论之前，你必须明确讨论的要点，并始终围绕着要点进行讨论，切忌跑题。如有可能，还需在讨论的结束部分对你的研究发现的重要性做一个评价，指出研究有什么理论意义和实践意义，有何改进，或提出新的研究问题，但这些论述要简略。

（八）结论

结论写在讨论之后，用简洁的语言概括自己研究的发现和启示。字数适当。按条目呈现，逻辑清晰，条理清楚。写结论时应考虑以下几个问题：你所研究的问题的重要性如何？你在研究中做出了什么贡献？从你的研究中可以得出什么结论和理论含义？你的研究对实际生活有什么帮助？读者有权利得到清楚、明确而直接的答案。通过对讨论部分的阅读，读者应该可以用一两句话说出报告的主要结论。此外，务必记住不要夸大结论，结论应是对结果的审慎概括。

（九）参考文献

参考文献指本篇论文在研究和写作中所参考的主要文献资料，参考文献附于论文正文及注释之后。参考文献一般只限于公开出版物，也可以使用少量电子文献及内部刊物。参考文献表上以"参考文献："（左顶格）或"［参考文献］"（居中）作为标识。参考文献的序号左顶格，并用数字加方括号表示，如［1］、［2］……各类参考文献条目的编排格式、参考文献的著录要遵循国家相关标准。各类参考文献标识及编排格式与注释相同，要注意的是注释只标明引文的起止页码，参考文献要标明使用的整个文献资料的起止页码。

参考文献写在文章的结尾处。文中凡是引用前人或他人的观点、数据和资料等，都要在文中出现的地方予以注明，并列入参考文献表中；而且，参考文献表中的文章或著作也必须是在文中引用过的。参考文献表应是简短的，并且是对相关文献的准确引用。通常，参考文献中所列出的文章或著作中应该包括该领域最近发表的论文和一些重要的前期研究。这样的参考文献对读者是很有价值的：既帮助读者了解你的研究是关于什么的，又可以给读者提供相关研究信息的有用线索。

（十）致谢

感谢在学位论文研究工作中给予过帮助的人。学位论文的致谢应包括对自己的导师、研究中给予指导和帮助的老师、同学、同门等的感谢。研究生在这个部分的表达可以呈现出特色化和个性化。

（十一）附录

一般包括使用的研究材料，比如问卷、量表、图片等。版面允许的情况下一般会列出原始材料的全部内容，也有利于帮助读者借鉴研究。

（十二）修改与润色

学位论文初稿形成后，最重要的是修改和润色。当你休息后再次写作时，你的鉴别力会变得更强，会找到诸如措辞错误、逻辑失误等问题。因此，完成初稿后，隔一段时间再阅读并进行修改。

【典型案例】

如何面对延期毕业？

　　小飞，31 岁，独生子，家庭条件一般，父母期待他出人头地，改善家境。他性格内向，从小听话懂事，勤奋努力，一直以来保持着优异的成绩。大学本科期间曾担任班长，组织能力强，毕业时被保送读研。毕业论文两周前学院审核未通过，取消送审资格。因此，他情绪低落，很难接受。小飞目前已经发表了三篇小论文，并且已经找到一个 211 高校的教职，原本期待论文答辩后能顺利工作，现在论文不通过，工作也可能受到影响，他越想越难过，不禁泪流满面。小飞说这半年多以来，每天只睡四五个小时，一直在认真写论文，没有半点懈怠。五个月前，小飞在运动时突然感觉右眼上方出现黑影，并逐渐增大。到医院检查，医生告诉他，是视网膜裂孔导致脱离，这是一种严重的高度近视并发症，必须马上手术，否则会失明。经过及时手术，小飞的视力恢复到 0.4。此后的三个月中，因眼睛疲劳，去医院先后做了两次手术，每次都是他自己一个人住院手术。最近一个月，他感觉自己快要崩溃了，心情极度低落，不修边幅，不想外出，整天一个人待着，非常孤独。自己努力尝试调整，坚持晚上去操场散步，但整个人的精神状态恍惚，觉得没有一点改变。小飞实在坚持不下去了，就去找辅导员。

　　辅导员帮助小飞预约了学校的心理咨询。在咨询中小飞觉得现在的自己一败涂地，什么都很差劲，感到自己的研究生生涯是彻底失败的，很想快点逃离这个地方，永远地逃离科研环境。延期毕业这件事情对他而言，是一个巨大的打击。回想起近半年来因为写论文，不知道熬了多少个夜晚，虽然眼睛做了手术，但是依然在坚持修改。自从知道论文没通过审核，经常感到头脑"发木"，白天无法集中注意力，晚上经常失眠，觉得生活很绝望，不出宿舍，不想见人，精神状态逐日下降，会有"活着真没意思"的想法。这样下去不知道什么时候能毕业。如果一直延期或者读不下去退学，目前已找到的工作肯定也保不住了。如果工作也没了，那么一切都完了，这三十多年的努力也就白费了。

　　注意事项：当来访者的行为涉及严重的自伤或自杀倾向时，需要进行危机评估，必要时需要打破双方的保密协定，联系来访者所属学院，请学院安排学生尽快就医。

全国博士研究生延期毕业现象普遍。调查发现，30%的博士研究生因为延期毕业而心情抑郁或者情绪低落。据中国教育在线调查数据显示，2003年博士研究生延期毕业率约为46.5%，2012年博士研究生延期毕业率突破60%，到2018年博士研究生延期毕业率已达到64%。博士研究生延期毕业的主要原因有：

第一，科研失败。博士研究生在开展科研项目过程中，可能会面临研究课题难以进行、实验数据不理想、论文写作遇阻等问题。这些困难可能导致博士研究生无法按计划完成研究任务，从而不得不延长毕业时间。

第二，人际关系问题。博士研究生在攻读博士学位期间，需要与导师、同学、实验室工作人员等多方建立紧密的人际关系。如果博士研究生在人际关系方面处理不当，可能会影响其学术进展和毕业时间。

第三，健康问题。博士研究生在攻读博士学位期间，由于长期处于高强度、高压力的学习状态，容易引发各种健康问题，如心理压力过大、身体疲劳、突发疾病等。这些健康问题可能导致博士研究生无法正常进行科研和学术活动，从而影响毕业时间。

那么，如何应对这些问题呢？

1. 帮助学生形成准确的自我认知

大多数博士研究生从小接受的教育就是要努力学习、努力工作，在潜意识里认为努力是把"万能钥匙"，努力可以解决一切问题，每个人天赋不同，不能盲目攀比和崇拜勤奋。博士研究生要对自己有深刻的自我认知，要勇于接纳自己的局限，在能力范围内努力做到最好。

2. 积极摆脱自我孤独的境况

博士研究生群体容易因重复试验、课题卡顿等因素而产生挫败感乃至自信心受挫。长期低落的状态容易引发自我孤独，这并不能解决问题，内心深处还是充满挣扎和焦躁，陷入恶性循环。因此，要善于和朋辈群体交流，积极走出自我孤独。

3. 主动寻求外部支持

导师、辅导员、心理教师以及校内外相关组织和平台等是博士研究生重要的外部资源。博士研究生在面临延期毕业的状况下，要主动与导师建立良性互动，与辅导员畅通交流，及时化解不良情绪和不良心态，必要时主动寻求专业人士和专业机构的支持和帮助。

4. 加强心理疏导

导师需要关心学业不顺学生（包括延期毕业学生）的心理和学业状况，加强心理疏导。帮助学生分析当前遇到的问题，和毕业目标相比存在什么差距，形成差距的原因是什么；为了达到毕业目标，还需要学生做什么；导师愿意提供何种帮助，而学生应该怎样努力。导师要让学生明白，自己是关心学生的，是想着学生的安危的，也是坚持学术标准的。

5. 加强和导师的沟通

对于学生来说，一方面要努力做科研，另一方面要注重心理健康。当学生可能会延期毕业时，不要把自己放在心灵的牢笼中，不要觉得自己没有希望了，也不要认为导师和自己对着干。遇到困难时，应和导师坦诚沟通，找到问题出在哪里，需要做什么才能达到毕业要求。

五、如何准备答辩

学位的申请答辩，可以说是人生中最有仪式感的经历之一，包括向评委进行论文陈述和回答评委的问题，因此熟悉论文和准备相关内容十分重要。答辩前的充分准备可以使答辩过程更加顺利稳妥。首先，熟悉论文相关内容，对论文所涉及的相关内容进行逐一展示讲解，确定主次关系，哪些内容需要着重讲解，最好可以试讲多次，发现演讲过程中的问题和需要改进的地方。其次，准备相关问题的支持材料，答辩课件中所展示的是论文的主要部分，很多细节部分并未展出，因此需要准备相关材料备用。最后，对答辩的紧张心理进行调控，不要过于紧张，讲自己做过的工作要表现出自信，将压力转化为动力。答辩当天尽量不要穿太紧的衣服，答辩前可做深呼吸，安静地坐一会儿，调节情绪。答辩前可再梳理一下大纲，整理思绪。

答辩时，先对自己的论文内容进行演讲，演讲过程中，保证课件清晰，语速适中，巧用激光笔。答辩人需要做到逻辑清晰，语言流畅，过于紧张时，可稍作调整。演讲过程中需要与评委或者听众进行眼神交流，避免口头禅和习惯性动作。保证自己的演讲时间不要超时，尤其是当后面还有汇报者时。答辩结束后，进入讨论环节。每一位评委都会对论文进行评价，提出问题和建议。答辩人员需要听清楚评委提出的问题，如果不能理解需要及时告知，切忌答非所问，胡乱攀扯。听完问题后，先对评委进行致谢，随后回答评委所提的问题，如果有事先准备的支持材料就会显得更加充分具体，如果没有，也尽量表达清楚，不能含糊其词，应付了事。评委们对该领域都是有所了解的，答辩过程中切忌不懂装懂，不明白的地方及时询问请教。与此同时，做好听众提问的相关准备。答辩是另一种形式的学术交流，也是提出问题、解决问题的一个环节。答辩结束后根据评委的意见对论文进行修改，令论文更加完善具体。

【典型案例】

答辩前紧张

小 H 马上就要进行毕业答辩了。随着答辩的时间越来越近，他陷入了日渐焦虑和恐惧的状态。小 H 性格偏内向，基本没怎么在人多的场合发过言。之前在组会中导师要求报告时，都是凑凑合合过了。有机会在人多的场合发言锻炼自己时，每次都因为胆怯而选择了逃避。但是这一次是毕业论文答辩，怎么躲避也躲避不了，该怎么办呢？小 H 越想越害怕，越想越紧张。因为答辩时间的临近，小 H 晚上开始失眠。如果睡着了，也可能做梦，梦到自己答辩时过于紧张，声音开始颤抖，脸发红，手心冒汗，甚至紧张到说不出话。然后被评委老师们批评，导致自己答辩没过关……小 H 被这样的噩梦惊醒了不止一次。他很害怕，担心自己不能在答辩的场合顺利过关，陷入了紧张、焦虑、恐惧的状态。该如何调节呢？

很多研究生也像小 H 一样经历过答辩前一天晚上的焦虑。有些人也像小 H 一样本身就比较不爱说话，对于在很多人面前发言有非常大的压力。所以在生活中常常选择逃避这些场合。但是有些场合却是躲也躲不掉的，比如无法缺席自己的毕业论文答辩。像小 H 一样情况的研究生恰恰需要在平时训练自己在不同场合进行论文演讲的能力。

在正式的毕业论文答辩之前，有很多机会来提升自己论文演讲的能力。比如课题组例会上的报告、阶段性工作研讨、会议演讲等。学术能力发展的一个重要方面，就是如何在学术会议等场合发表演讲来向听众讲述自己的研究成果。有些人有演讲方面的天赋，可以很容易地适应这个部分。也有一些人在语言表达上需要后天的学习和训练，比如案例中的小 H。通过日常的学习和训练能够帮助他更好地展示自己的学术观点和学术成果。论文的演讲能力也是科研工作者必须尽早掌握的一项重要技能。有效的演讲事先需要进行充分的准备。

1. 反复练习演讲

充分利用各种场合来锻炼自己的演讲能力。包括在国内国际会议上进行重要演讲，与同行进行学术讨论，上课、求职面试中展示自己的研究成果等。你需要尝试在这些场合多次演讲，以提高自己的演讲能力。在演讲前，需要精心打磨自己的稿件，考虑文字与语言语气、动作神态之间的配合。成功的演讲者都会在演讲前进行多次排练，最终将自己的演讲打造成一次引人入胜的演讲。足够的时间投入是让演讲变得自如的重要保证。当然，根据这个演讲的重要程度，可以适当调整练习的时间。如果这个演讲非常重要，比如毕业答辩、求职面试，那么需要尽可能多的时间来进行练习，直到自己可以高质量完成。如果不是非常重要的演讲，就可以少花一些准备时间。天赋对于成为一个成功演说家的帮助是极其有限的，最关键的是反复不断的练习，坚持不懈的磨炼，最终才能够打造出轻松自如的演讲状态。

2. 缓解紧张情绪

在大众面前发表演讲本身就是一件让人感到紧张的事情。因此，演讲前感到紧张非常正常。当你认识到这一点后，就可以避免因为紧张而指责或者批评自己，从而降低紧张带来的附加伤害。想要做到演讲时轻松自如，做好充分的准备是非常必要的。很多人演讲时紧张是因为怯场，那么可以针对怯场进行专门的训练，从而获得更加自信的心态。演讲前可以尝试做几次深呼吸、做一些放松想象练习来缓解紧张情绪。为了克服怯场，可以在一些公众场合进行多次演练，积累经验，来提升自己面对公众的自信状态。

3. 高质量的幻灯片设计

任何演讲都是有时间限制的。你需要在有限的时间里将自己想要表达的内容传达给听众。比如半个小时的演讲，需要用几张幻灯片？每张幻灯片需要阐述哪些内容？幻灯片之间如何建立逻辑关联……这些都需要你对自己的演讲内容有充分的把握。大多数学术研究演讲的目的是阐述最新的研究成果。因此，你需要筛选出演讲的关键信息，并以一种能够给人留下深刻印象的形式呈现给观众。一场高质量演讲的关键在于演讲内容、内容呈现方式以及演讲结构设计。高质量的幻灯片设计可以保证演讲的连贯性和条理性，提高观众的兴趣和参与度，并对演讲起到画龙点睛的作用。

【小贴士】

论文答辩注意事项

1）忌大量文字与数字堆砌。幻灯片最好采用标题式，讲解时按照标题发挥。将表格转换为更加直观的统计图（如直方图、饼状图等）。每页幻灯片的文字描述不宜多于 10 行，正文字号不宜小于 5 号。

2）忌铺天盖地、不留余地。幻灯片应适当留出边缘，忌每页幻灯片的内容都塞得满满的。

3）忌过于单调或过分花哨。幻灯片的生动性体现在背景与文字的颜色搭配、图片与动画的适当应用等诸多方面，关键是"精简"。

4）携带必要的资料和用品，包括底稿和主要参考资料、笔和笔记本。

5）着装正式而自然，声音响亮而适中，富于感染力。

6）调整心态，不要紧张。听清问题后经过思考再做回答。

7）回答问题要抓住要害，简明扼要，层次分明。不会回答的问题可以请老师给出提示，切忌东拉西扯；要力求客观、全面、辩证，留有余地，切忌把话说"死"，对于老师提问的概念性问题，如果忘记了，可以使用描述性语句，切忌不懂装懂。

8）注意礼貌用语，忌冲突和言语不恭等不当言行。对回答不出的问题，不可强辩。

六、如何成功发表论文

硕士研究生应该达到的水平是了解相关专业的基础知识，可以顺利进行科学研究工作，在专业的某个方向上有一定的认识和了解。博士研究生应该达到的水平包括发表学术论文，该论文具有创新性、工作量充足、细致完善并解决了学科中某一方面存在的问题。论文发表主要包括两个方面：同行评议和修改论文。投稿后经过同行评议，对论文进行评议后决定是否接受该论文发表，一般分为以下几种情况：

拒绝接受该论文发表。同行评议由于该论文缺乏创新性、工作量不足等原因拒稿。接下来可根据评议结果进行修改、再次投稿，或者修改后投稿其他期刊，尽量投稿与论文成果水平相当的期刊。

通过修改后接受论文发表。独立开展科学研究工作、学术论文的写作与发表是研究成果的证明。每个学科发表论文都有自己独有的格式与写作结构。同行评议认为该论文已达到发表水平，但是仍存在一些问题，需要修改后发表。因此，作者只需根据评审意见进行逐一修改即可。

直接接受论文发表。论文质量很高，完全符合该期刊的要求。如果偶尔由于某些客观原因未能发表在心仪的期刊上，要对自己的研究工作有清楚的认识，有亮点也有不足，学会自我欣赏以及自我批评，客观看待发表文章这件事。

（一）学术写作与交流

科学研究的成果需要按照一定的形式来表达，而学术论文则是科研成果的重要表达手段之一。学术写作是为了研究者之间进行学术交流。参加学术会议和发表学术论文是学术交流的两个重要途径。很多研究生在完成毕业学位论文的过程中，会有若干相关内容可以整理为会议论文或期刊论文进行学术交流和发表。一篇学位论文通常可以拆分成两到三篇的小论文进行发表。有些人文社科类的学位论文还可以整理为专著进行出版。

1. 学术会议

学术会议作为主要的学术交流形式之一，可以有效地促进研究者之间的相互交流、相互学习，防止闭门造车。如何准备相关材料参加学术会议是研究生必备技能之一。

首先，了解会议信息。可从专业学会网站或者主办方官网获得会议信息，包括会议时间、地点、主题、报告人、规模等信息。学术会议大部分分为大会报告、分会场报告、主题报告等，可根据自己的需求参与。尽量多参加与自己研究方向相关的专业会议，在众多的报告中选取最有益于自己的内容去聆听。其次，听取报告时，可适当做笔记，记录相关报告人、报告主题及重要内容。一般情况下，学术报告有时间限制，因此很多细节问题未能展示，如果有相关问题，可以私下与汇报人交流讨论。

作为研究生，也可以汇报自己的相关工作。主要形式有墙报展示与分会场报告，做报告时，尽可能在规定时间内把主要问题讲清楚，可以跳过细节讲解。尽量讲述清楚、明白，避免使用晦涩难懂的专业名称，以供在场非专业人士学习。研究生期间，尽可能多地参加学术会议，不仅可以积累知识，还能帮助自己获取与相关研究领域的学者的交流机会，获得一些新的想法，拓展自己的研究思路。

2. 论文发表

学术论文的写作应该遵循一定的规范。熟悉并严格按照一定的规范写作，将降低撰写论文的难度，更方便读者判断论文的清晰性、完整性和创造性，也更便于同行间的交流。

选择投稿期刊时首先要了解学术期刊。学术论文投稿期刊类别繁多，一般分为国内期刊和国际期刊。国内期刊包括 CSSCI 南大核心、北大核心及公开发表的普刊等。国际期刊自然科学方面主要是 SCI（E）（Science Citation Index Expand），人文社会科学学科主要是 SSCI （Social Sciences Citation Index），工程学科主要是 EI（Engineering Index）。

（二）如何面对拒稿

【典型案例】

投稿被拒的煎熬

第一篇论文投稿的时候，小 K 已经在导师的指导下进行了多次修改，导师和自己都觉得比较满意了，选择了一个合适的期刊进行投稿。经过漫长的初审等待，终于等到了编辑的回信，结果是拒稿。小 K 感觉自己很失败，周围的人大部分都发表论文了，而小 K 连一篇像样的成果都没有。导师和同学都告诉小 K 论文被拒是非常正常的事情。但是小 K 还是接受不了，想到自己之前也是一路优秀考取了研究生，难道自己连这件事也做不好吗？接下来，更糟的事情发生了，小 K 按照审稿意见进行了修改并再次投递后，结果还是被拒。尽管认识到论文被拒是常态，但是小 K 内心仍然充满了痛苦。小 K 不愿意再次看到那些审稿人写的修改意见，甚至不愿意打开邮件，内心充满了沮丧和挫败，包括对审稿人的愤怒和攻击。小 K 感觉自己好像根本没有发表论文的能力，觉得上天在捉弄自己。如果论文没有发表，可能意味着毕业会延期，甚至无法毕业。如果没有发表论文的能力，是否也意味着自己的学术之门已经关闭了？还要坚持下去吗？

论文投稿后被拒在学术界是常事，诺贝尔奖得主也遭遇过被拒稿的情况。但是很多研究生作为论文投稿新手，在收到第一封拒稿信时，内心仍然充满了挫败感。当面对自己竭力修改的论文被审稿人提出诸多的批评时，很多研究生甚至会出现崩溃的情绪。我们常常只看到别人发表出来的文章，却不知道他们是怎么度过那些被拒稿的沮丧时期的。实际情况是很多期刊都有非常高的拒稿率。投递论文的期刊越好，可能意味着越高的拒稿率。即使是很多发表的论文，大多在最初投稿时也可能收到了被拒稿的邮件。

论文发表过程中，一旦遭到拒稿，一定要找出原因，以便决定下一步的工作。学术论文被拒的主要原因是什么？有哪些具体可行的应对策略？

1. 初审拒稿

初审拒稿是指论文在编辑初审时被拒，通常还没有进入同行评审阶段。统计显示，某些期刊的初审拒稿率可以高达 50%～90%。这种拒稿主要有以下几个原因：

研究内容与期刊不符。每个期刊都有其明确的研究范围。如果稿件的研究主题与期刊的宗旨不符，编辑通常会直接拒稿。

论文质量欠佳。即便内容与期刊相符，若论文本身的质量不高，仍可能面临拒稿，包括语言表达不流畅、结构松散等问题。

语言问题。虽然语言问题并不是拒稿的唯一原因，但如果影响了编辑对论文内容的理解，或者错误过多，仍可能导致直接拒稿。

为了避免初审时被拒稿，作者应确保稿件与期刊的研究范围相匹配。在提交前仔细阅读期刊的作者指南，并确保稿件符合投稿要求。此外，建议寻求专业的语言润色服务，以提升论文的语言质量。

2. 研究设计和数据分析问题

即便论文通过了初审，同行评审时研究设计和数据分析的质量依然是决定论文命运的关键。这类拒稿原因尤其常见于科学、技术和医学类期刊。

研究设计不严谨：如果实验设计存在重大缺陷，比如缺少对照组或样本量不足，评审人很可能会建议拒稿。

数据分析问题：即使实验设计合理，数据分析方法的不当也会导致拒稿。错误的统计分析或未充分解读数据的结果，都会削弱论文的说服力。

确保研究设计和数据分析方法的科学性与合理性。在开始实验或收集数据前，考虑咨询统计学家或相关领域专家。此外，详细记录研究过程，以便评审人能够充分理解你的方法。

3. 缺乏创新性

创新性不足是高影响因子期刊拒稿的常见原因之一。许多期刊期望发表具有显著学术贡献的研究，从而维持或者提高期刊的高影响力，而缺乏创新性的论文通常被认为对领域的推动作用有限。

撰写论文前，进行充分的文献调研，以确保自己的研究确实填补了现有的空白。文献综述部分应详细讨论当前的研究进展，并明确指出该研究在此基础上的创新点。

4. 论文逻辑和结构问题

学术论文需要具有清晰的逻辑和严密的结构。即使研究内容出色，如果论文结构松散、逻辑不连贯，评审人也很难理解作者的思路，最终导致拒稿。

确保论文具有清晰的结构，每一部分的内容都要紧密围绕研究问题展开。段落与段落之间的过渡要自然，避免不必要的重复。

5. 文献综述不足

文献综述不仅展示了作者对领域现状的掌握程度，也为研究提供了必要的理论支持。如果引用文献不足，尤其是忽略了该领域最重要的研究或者最新研究，评审人可能会质疑论文的学术性。

在撰写论文前，全面检索该领域的最新研究，确保文献综述部分能够充分体现领域的最新进展和关键研究。适当引用最新的高影响力文献，有助于提升论文的说服力。

6. 技术性细节问题

技术性细节问题包括图表质量低下、参考文献格式错误等，虽然这些问题不如前述原因严重，但仍然可能导致论文被拒，尤其是在高要求的期刊中。

在投稿前仔细检查图表质量、排版格式和参考文献的准确性。务必严格遵守期刊的投稿指南，避免因细节问题导致的拒稿。

7. 研究伦理问题

如果论文未遵循相关的研究伦理规范，例如未获得伦理审查委员会的批准、参与者的知情同意不充分，或者存在数据造假等问题，期刊很可能会拒绝该稿件。

在研究开始前，确保获得所有必要的伦理审查和批准，并在论文中明确说明。此外，保持研究数据的透明性和可追溯性，以避免任何伦理争议。

8. 缺乏足够的实验或实证支持

在某些情况下，作者提出的理论或假设缺乏足够的实验或实证支持，评审人会认为论文的结论不够扎实，进而拒稿。

确保在研究中使用适当的实验设计，并提供足够的数据支持研究得出的结论。对于理论性强的研究，建议结合足够的实证研究来加强论文的说服力。

9. 过于冗长或简略的论述

如果论文内容冗长、偏离主题，或者过于简略，无法清晰表达研究的目的和结果，都会导致评审人拒稿。

在撰写论文时，保持条理清晰，围绕研究问题展开讨论，避免冗余内容。反复检查和修改，以确保每个部分都有其必要性。

了解并应对学术论文被拒的常见原因对每位作者来说都至关重要。希望通过以上策略，大家可以更加从容地面对拒稿，将挑战转化为成长的机会。

（三）如何回复评审意见

通常论文投递后，在第一轮同行评审后彻底拒稿或者直接接受稿件是比较少见的。通过同行评审，通常会收到关于这个稿件的评审意见。如何回复这些评审意见呢？需注意以下几点：

1. 规范回复

大多数情况下，你会收到下面两种编辑决定中的一种："大修"（经常也表述为："拒稿，但可重新提交"）或需要"小修"。在写回复信件的时候，尽管有多种不同的格式，但基本规范是相同的梳理，按 Q1/A1（Question 1/Answer 1）、Q2/A2 的形式来组织。切记，一定要认真且逐条回复。如果敷衍了事或逃避对核心问题的回答，有些比较认真的评审可能会因此而拒掉稿件，也有可能私下向编委吐槽作者修改得不认真。那么可能的结果是，要么编委会采信评审的建议而拒稿，要么可能会增加评审。无论哪种做法，都会导致论文发表的时间推迟。

请记住，若收到"大修"（或"拒稿，但可重新提交"）意见，很可能至少部分第一轮审稿人会再次评审这篇论文。可以用以下短语开始回复他们的初步评审意见："Excellent Point"，或 "Thank you for this insightful comment"，然后告诉他们你是如何修改论文的。

2. 处理有分歧的审稿意见

同行评审后，许多论文作者错误地认为，修改论文稿件时，应该全盘接受所有修改建议，同意审稿人的所有意见。基于这一假设，对于审稿意见上的明显分歧，论文作者通常会觉得左右为难。然而，作者应该明白修改论文的真正目的是让期刊编辑确信每位审稿人指出的每个问题都得到了仔细的考量和解决，尽管这并不意味着同意审稿人的意见。另外，也可以集思广益，与论文合著者商议。对于如何理解及应对审稿意见分歧，他们的旁观者视角可能会令你恍然大悟。如果你觉得无法应对审稿意见分歧，可以考虑咨询期刊编辑。面对左右为难的审稿意见，你可以先尝试提出自己的看法，然后再咨询期刊编辑，编辑也许会基于这一点另外指派一位审稿人。

3. 保持好心态

如果某些审稿意见看起来不切合实际，甚至是对研究有误解，则可以礼貌地表达自己的想法，并给出自己的理由。既不因为审稿人的误解而感到委屈，也不因为审稿人的不合理的意见而恼怒。保持平和的心态对于高效完成审稿意见回复至关重要。要重点回答好那些尖锐的评审意见，同时也要好好回答那些温和的评审意见。有时无法确定存在分歧的审稿意见如何处理，你可以单独写信给期刊编辑，说明自己的理解和意见。最重要的是，不要让自己被审稿意见分歧所困扰，而是要利用审稿人意见来提升自己对研究的理解。

第四节 职业生涯规划

一、求职就业还是继续深造

【典型案例】

毕业后去哪儿？

小文，研三。9月份以来，他在完成毕业论文的间隙，每天都会花时间浏览招聘信息，打磨简历和求职信。"我投了70多份简历，至今没有收到一封邮件回复，更没有面试邀请。"小文担心自己可能找不到合适的工作。他开始考虑要不要继续考取博士研究生，进一步提升就业竞争力。硕士研究生在读期间，他在导师和师兄的带领下发表了一篇论文，但还是不确定自己是否真的适合搞学术研究，博士研究生毕业后又是否一定能找到称心如意的好工作呢？再用4年甚至更长的时间去读博是否是最优解，小文同学陷入了困扰。

像小文一样，很多同学在即将毕业的时候都会陷入是求职就业还是继续深造的选择困扰中。对于一些同学而言，当他们在导师的指导下，完成了学位论文的写作，并通过了论文答辩时，这意味着人生中紧张而单调、幸福且艰辛的读研岁月已经画上了一个"句号"，对另外一些人来说，也许只是画上了"攻读岁月"的一个"逗号"或"分号"。但是不管怎样，当你完成硕士研究生阶段的学习，拿到硕士学位证书满足欣喜的同时，你也会发现这不过是漫长的人生竞技场上的一个间歇，是向下一个目标攀登的起点。

近年来，"考研热"现象愈加严重，以2022年为例，考研国家线普遍大幅度上涨，有的专业涨幅超过10分。我国高等教育入学率达到了普及高等教育程度时，上大学则失去了过去曾经具有的社会筛选作用。本科普及了，研究生教育自然而然就变成了社会筛选器了，考研就成了精英高等教育时代的高考——千军万马过独木桥。在社会竞争日趋激烈以及硕士扩招的背景下，在教育向高学历化发展的现实中，"文凭通胀"现象已经逐渐显现，此时社会中也出现了"考博热"的现象。实际生活中，真正走上读博深造之路的，只是硕士中的一小部分人。

　　因此，在攻读研究生期间，同学们要尽早明确自己的职业规划，是走服务社会、经世致用的道路，还是继续深造，成为更高级的专业人才呢？选择不同，在研究生阶段重点培养的目标和能力也不同。

（一）服务社会，学以致用

多数研究生在毕业后会选择工作，走服务社会、学以致用的道路，只有较少一部分学生会继续深造，走专业发展的道路。也就是说，对于绝大多数的研究生来说，都将走进社会，在社会实践中增长自己的才干，在服务社会中实现自己的人生价值。

但是，在即将走进社会之际，确有相当一部分学生对于"社会"存在一定的隔阂心理，对于"职场"怀有一种畏惧的情绪，对于自己能否融入复杂而陌生的群体、能否适应新的社会缺乏自信心。有的同学一提到"社会"，头脑中会浮现"尔虞我诈""心力交瘁"之类的联想，甚至有人将"社会"比作"大染缸"，担心自己一进入就会变色。这些反应有一定的代表性，都是源于较长的学生生活。毕业是人生中非常重要的转折点，需要从以学生为中心的人生转变为以工作为重点的人生。

1. 择业应有"大专业"意识

攻读到研究生阶段，部分同学往往有较重的专业情结，希望工作岗位与专业对口，但是同学们应该在社会需求和市场规律的竞争中形成"大专业"意识，抓住经济快速发展和社会转型期的各种机遇，才更容易取得事业上的成功。在择业过程中如果工作恰好能专业对口当然是一份比较理想的工作，但如果不能从事与专业相关的工作，并不意味着专业知识和专业素养不能发挥作用。相反，在新的领域，很可能是一种别人难以超越的优势。所以，我们要善于把可能不对口的"专业"变成一种别人难以超越的"优势"。在社会日益发展的今天，不仅仅需要某一专业的专才，而且也需要通才，树立"大专业"意识，不要让口径狭窄的"专业"限制了择业。

2. 以社会为"大学校"，树立终身学习观念

研究生经过长期的学校教育，特别是在攻读研究生时所掌握的系统的专业知识、理论和方法素养，所培养的创新意识和创新能力，以及在此期间形成的较为开阔的学术视野，这些都将在我们所从事的与专业直接或间接相关的工作中发挥积极作用。走出校园，

并不意味着学习生活的结束，走进社会，又是一个新的学习阶段的开始，这是一个不断提升、永无终结的过程，社会就是一所人生学习的"大学校"。所以，同学们在结束校园生活时，要树立终身学习观念，在以"用"促"学"中不断拓展和发展。

（二）继续深造，博学经世

【典型案例】

博士研究生毕业后，何去何从？

小田，男，国内某双一流高校博士研究生毕业，博士研究生毕业后工作一直未定，不知道自己做什么合适。该生自述，刚开始读博时怀有雄心壮志，希望作出一番成绩，希望能发篇好文章，然而现实是残酷的，实验结果一直不理想，辗转反复折腾，到了第四年还没有发表文章。当时有了一些数据，但是不够完整，于是申请了延期，他的内心已经出现焦虑。导师看到他的焦灼，让他跟着师兄一起先发表一篇文章，从文章投出到接收花了近一年的时间，这时已经到了第五年年底。他这段时间忙着发表文章基本上没怎么参加招聘会，担心文章发表不出来没法毕业，一度怀疑自己能力不行，后来总算顺利毕业了。

但毕业后他又迷茫了，对科研已经缺乏当初的热情，博士研究生在读的这几年变成单纯的操作工，其他的能力没有得到相应的锻炼，看到身边的同学都小有所成，他又后悔去读这个博士研究生了。很多人像小田一样，凭借着一腔热血去读了博士研究生，但是并未考虑自己是否适合，也未对毕业后从事何种工作有过深入的思考，甚至开始后悔读博的选择。

近年来，社会上出现"博士热"，硕士研究生毕业后准备继续"读博"的人也越来越多，几乎每一个"读硕"的研究生都曾考虑过"我是否还要继续读博"的问题，心里都有一个"读博"的情结。当然想"读博"的情结不一定都会转化为实际的读博行为，真正继续攻读博士研究生的同学只是硕士研究生中的一小部分。那么，如何确定自己是否适合读博呢，可以从以下三个方面审视自己。

1. 是否有更高的学术追求

如果下定决心读博，就要在学术上有更高的追求目标，在科学探索和追求真理中实现自我的价值和人生境界的升华。对所学专业有浓厚兴趣将是你读博期间强大的动力和支撑。在学术追求的道路上，会受到各种条件的限制，可能会遇到多次实验失败、投稿被拒……当这些遭遇来临时是否能较好地应对，将决定你读博期间的幸福感。在任何领域都不可能人人成为"大师"，科学研究领域更是如此。但是当你走上读博的道路时，表明你已经登上了一个更好的学术平台，有更高的平台和视野，就更要以大师和巨匠为榜样，学习他们的勇气和智慧、执着和真诚，并以此战胜读博可能遇到的各种困难。

2. 是否能耐得住"寂寞"，经得起"诱惑"

读博是一个磨炼心智的过程，选择读博意味着你选择了一条既幸福又艰辛的人生之路。在灯红酒绿的世界，在诱惑太多的现实面前，如果没有长期甘坐学术"冷板凳"的定力，没有在崎岖险阻的山路上攀登的意志，没有准备为"登顶"而献身的决心，而仅仅把读博看作求职身价的提高，获得名利的"法门"，那么，读博对你来说，就不仅仅是一条艰苦的道路，还可能是一条让你失望、沮丧的泥泞之路。

3. 是否有强大的抗压能力

读博期间会有来自各方的较大的压力。首先，科研压力。科研压力是博士研究生精神压力的主要来源。读博期间需要创新，需要进行自我探索和突破，需要去研究新问题，因而需要投入大量的时间，减少休息、放松等活动的时间，在此过程中累积的负面情绪和压力达到极点时，可能会产生一系列心理行为问题。其次，经济压力。相比于早早进入职场工作的同学，博士研究生的收入可能只是杯水车薪，他们需要将全部时间和精力投入科研中，几乎没有开拓其他副业的机会和时间。对于尚未成家的学生，经济压力相对较小，但若已经成家或原本家庭经济较为困难，则会面临较大的经济压力。最后，就业压力。一方面，博士研究生自身对就业有较高的期待，而博士研究生的就业渠道相对更窄一些。另一方面，也必须认识到攻读博士的基数在大量增长，而就业岗位的数量却没有相应大幅度增加，这就导致了供需失衡。

对以上问题的审视，有助于帮助研究生分析自身是否适合读博，也有助于已经攻读博士的学生了解自身需要提升的能力。

二、如何规划实习

（一）实习的意义

实习对于一名初出茅庐的大学生来说有着非比寻常的意义。通过实习可以更深入地了解自己所学的专业领域，掌握实际工作中的技能和知识。同时，实习也是检验自己所学知识是否扎实、是否具备实际操作能力的重要途径。此外，实习还能帮助学生更好地规划自己的职业方向，为未来的就业做好准备。实习是人生的一个重要转折点，是个人职业生涯的一个崭新的开端。正所谓好的开始是成功的一半，实习为未来的工作打下了坚实的基础。

1. 实习是学生从课堂走向社会的第一步

借助实习，学生可以初步完成从理想到现实的心理转换和从学生到职员的角色转换。顺利的心理转换可以减轻学生初入职场时将要经历的现实冲击，完整的角色转换能为他们将来尽快适应新的工作岗位打下良好的基础。对即将毕业的学生来说，通过实习，他们可以将自己所掌握的理论知识运用于工作和生活实际。除了学习书本上的知识外，学生还可以通过实习增长见识、提高动手能力。这不仅有利于加深对书本知识的理解和巩固，还能提高他们在理论知识的指导下观察、分析和解决问题的实际工作能力。通过实习，他们将学会解决工作中的实际问题，认识到敬业精神的重要性。

2. 实习有助于了解职场现实

实习最大的益处就是可以看到不同的世界。实习的过程能够让人认清自己的能力，也认清实际工作究竟是怎么一回事。因为看得多，视野才会更开阔。在学校或报道中看到的往往是片面情况，多数是纸上谈兵，会把事情想得比较简单，有可能以前在学校自认为很棒的东西，实习后才发现根本不是那样。经过实习之后，才会比较清楚工作的流程，积累一定的实践经验，也才能真正体会到工作不是那么简单的事情。实习能够让学生更早地接触现实环境，企业讲求获利和时效，这都和在学校时不同，因而思考问题会比较切合实际。只有在实际工作中，你才会知道工作到底是怎么一回事、自己更适合做什么、哪些知识是有用的、要对自己的知识结构做哪些补充和调整、如何处理工作中的人际关系等等，这将有助于你更全面地认识自己和了解职业，得到更多的收获，并据此科学地设计自己的职业生涯，为未来的职业生涯奠定基础。

3. 实习是展示自己能力和才华的舞台，并可因此有机会成为正式员工

一些单位通过招聘大量实习生进入相关实践岗位工作，从中筛选满意的员工，以保证在后期员工招聘时能招到自己培养的熟练职员。从某种程度来说，实习是进入名企的捷径。招聘和培养实习生，已成为很多企业储备和选拔人才的重要手段。

4. 实习有助于开拓有效人脉圈

在实习时，人脉关系的建立非常重要，但做法不是说好话、拍马屁，而是借助工作努力表现，赢得企业的认同。这样做有两个益处。首先是拥有良好的人脉关系，其次是赢得别人对你的良好印象，无论毕业后是否选择这家单位，这些都是你积累起来的资源。若想进入某个企业，有实习经验的好处在于主管已经对你有相当程度的了解，不需要重新适应，彼此甚至已建立起情谊。

（二）如何找实习岗位？

大多数硕士研究生毕业后不打算继续读博，那么最重要的目标就是找一个合意的工作。实习是研究生正视社会、正视自己，走出自我，真正融入社会生活的第一步。实习的关键是运用所学理论知识提高实际工作能力，并获得第一手工作经验，以便在将来的学习和工作中加以运用。这些亲身经历和感受，对学生的职业发展无疑会大有裨益。

对于选择就业的学生而言，在校期间有去企业实习的机会则显得十分珍贵与必要。一方面可以加深对具体某一个行业的深入认知，另一方面也可以积累相关的实践经验，帮助自己未来更好地融入就业市场。在当今这个竞争激烈的时代下，越来越多的企业更倾向于选择有过相关实习经历的求职者，这样的求职者能更快地上手工作。因此，在校期间有实习经历的学生，也成了他们青睐的对象。那么，什么时间去实习比较合适？又应该如何找实习岗位呢？

1. 规划实习时间

首先，要对自己未来的职业生涯有较为清楚的规划，知道自己想要去某一行业某一领域工作，例如选择事业单位、互联网企业还是房地产公司等，不同的企业实习强度、实习要求、实习时间都有较大的差异，在确定了一个大概的职业方向后，再开始选择实习的时间。

一般而言，人力资源部门在招聘实习生的时候比较倾向于每周至少上岗 4 天及以上，并且能够持续实习时间较长（一般要求至少 3 个月）的学生。因此在打算寻找实习岗位的时候，要确保自己能够有效保证上岗时间。对于三年制的硕士研究生而言，大部分学校安排的必修课程可以在研一全部修完，那么从研二上学期开始，其实就可以空出一定的时间开始一份持续时间较长的实习工作；对于两年制硕士研究生而言，研一的课程较满，很难有多余的时间和精力寻找实习岗位，因此最佳的选择时间应该是研一结束的暑假，为自己尽快积累一段丰富的实习经历，同时也可以给你在以后工作面试时加分不少。

2. 获取实习信息

关注各类求职公众号或 App。对于不知道如何投递实习简历的新手而言，可以关注各大高校的就业公众号、求职类的公众号、企事业单位招聘官网，也可以利用 App 结合自己感兴趣的领域或者职业搜索相关的实习信息，能够快速查阅到多个公司的招聘信息进行投递。

公司官网。如果自己有偏好的公司，可以有针对性地搜索公司的官网，进入校园招聘专栏查看实习岗位的招聘信息，以腾讯为例，进入腾讯招聘网站后可以看到校园招聘专栏，下方会出现实习生招聘这一入口，点击进入便能看到有关腾讯的不同区域的各种实习招聘信息，选择适合自己的岗位，线上投递简历即可。这种方式是最为官方和靠谱的途径，缺点在于只能局限于某一个公司的情况，查阅多个公司比较费时费力。

利用人脉资源找内推。除了自己寻找途径投递简历，还可以充分利用自己在本科生以及研究生期间的人脉资源，包括学长学姐、同学等，如果他们正在某一公司实习或者之前在某个公司实习过，都可以让他们关注公司内部的招聘信息并帮忙引荐。这样的方式不仅能够加大自己的面试成功率，还可以提前通过熟悉的同学了解到公司的内部管理制度以及实习强度，进而综合考虑是否选择，避免进入公司后心理落差过大，影响工作状态。

学校就业网站。每个学校都会有就业网或者公众号，也可以多关注一些院校的就业网的实习信息，这种途径也相对比较靠谱，成功概率也相对较高，毕竟发布在学校就业网的信息很可能是属于校企合作，特别是对于本校学生的投递会给予更多的关注。

3. 摆正实习态度

【典型案例】

实习等于"打杂"吗？

小王，材料工程专业研二学生，课题组学习氛围非常好。小王毕业后希望能去知名大厂工作，经过同学介绍，小王应聘上了该领域某知名企业的实习岗位，单位要求小王一周至少去 3 天。她期望实习期间能适应职场生活，尽快熟悉岗位，具有在该岗位独当一面的知识储备与相关技能。然而实习生活与她想象的相差甚远，虽是在该领域的知名大厂，但是小王根本接触不到像样的项目，每日工作都是整理文件、布置会场等非常琐碎的事情。此外，她还要面对错综复杂的人际关系，她谈到跟同事相处与跟同学相处不一样，跟领导相处也不像在校园中跟导师的相处。她一时间陷入迷茫，看着同门接二连三地发表文章，不知道自己来实习的选择是否正确，不知道实习的意义在哪里，也不知如何努力才能顺利留下来……

"打杂"实习并不是一件完全无意义的事情，它可以带给你很多收益和经验。如果你能够正确对待这次实习，认真完成工作并从中学习和成长，那么这将是一次非常有价值的经历，可以帮助你更好地走向职业生涯的成功。企业招实习生是为了分担正式员工日常的工作，让他们可以从重复和琐碎的工作中抽身，集中精力于为公司带来更大价值的事情上。不管哪个行业或者哪个岗位，实习生都有其固有职责，杂活、琐碎活肯定是不可避免的。在打杂的过程中要多看、多做、多想，多看别人是怎么做事的，为什么要这么做。只有这样你才能快速了解这个职业，才能知道自己到底适不适合做这份工作。

主动参与，善于观察。研究生应该抱着积极的态度参与实习，不要坐等带教老师来安排，说一步做一步。由于公司有时候会很忙，很难有专职人员来辅导或者带教，因此要主动学习。企业对于那些有想法、勤于思考、有创造力的人才也更为青睐。

自我加码，提高业务素质。实习生表现得出色与否，最终体现在工作能力上，也就是业务能力。业务素质是在上学期间所学习和掌握的知识，掌握知识和发挥知识并不是一回事，实习生应该把自己所学尽可能地运用到工作中。在实习岗位上，尽量发挥出最大的潜能。学校里所学的知识可能已经落后于时代的发展，需要你快速地学习，更新知识内容，以适应实习岗位的要求。

避免过于计较实习薪资。据了解，目前很多企业尤其是一些大型的正规企业会给实习生的工作支付一定的报酬，而且有些公司开出的薪资并不低，有些公司的实习生拿的薪资甚至跟同样岗位的员工工资一样。但是同一所学校相同专业甚至同班同学，在同一家实习单位拿的工资可能不一样。某汽车系统（中国）投资有限公司人力资源总监透露，经常遇到个别实习生因为薪水问题向人事部投诉。实习最大的目的并不是为了获得丰厚的薪水，而是为将来的职场道路加码、做铺垫。薪资是一时的，学习到的知识却是永久的，实习生不必太计较实习薪资问题。

避免自由散漫少约束。很多实习生认为自己是来实习的，并不是正式员工，放松了对自己的要求，想来就来、想走就走，遇到一些小事情就不去实习单位，而且连最起码的招呼都不打。作为实习生，虽然在待遇上可能不太一样，但仍是单位的"半个员工"，必须严格自律，避免实习单位对个人甚至对实习生所在的学校产生不良印象。

完美收尾，获得一份正式实习鉴定。实习结束后，能够获得转正录用通知的毕竟还是少数。但聪明的实习生都应要求实习单位给出一份详细的实习鉴定，对自己实习的事实及付出的努力给出认可。很多学生实习了，但在简历上只有很简单的某年某月在某单位实习过的描述，这在求职过程中是很没有说服力的。实习鉴定上可写明实习的岗位、岗位描述、实习过程中完成的工作或项目、工作评价或项目评估等，工作评价一般是从其工作态度、工作能力、特点、是否遵守规章制度等方面进行评价，最后由指导老师或企业负责人签字盖章。

【小贴士】

实习生如何成功转正？

如何在众多竞争者中拿到名企的实习机会，并在实习结束前拿到转正通知？在实习期间，通过展现出色的工作能力、积极的态度和不断学习的精神，可以大大提高转正的机会。

全力以赴，展现自我价值。在实习期间，尽最大努力完成每项任务，体现你的专业能力。主动承担额外职责，展示你的责任感和积极性。

与团队建立紧密联系。多与同事沟通，了解他们的工作经验和知识。积极参加团队活动，加强人际关系。

持续学习，不断提升自我。针对自己的薄弱环节，主动学习和提高。了解行业动态，关注公司业务发展趋势。

明确表达转正意愿。在适当的时机向导师或人力资源部门提出转正申请，并明确你的职业规划。了解公司的转正政策和流程，按要求准备相关材料。

积极面对反馈，勇于改进。在实习期间，积极听取上级和同事的建议和批评。针对不足之处，及时进行调整和改进。

三、如何找工作

近年来就业市场急剧变化，高校毕业生就业形势十分严峻。每年有数以百万计的大学生涌入就业市场，寻找自己的第一份工作。如此庞大的毕业生群体，使得就业市场的竞争变得异常激烈。在全球经济增长放缓的大背景下，我国经济发展也面临着一定的压力。许多企业为了应对经济发展的不确定性，纷纷采取缩减开支、减少招聘人数等措施来降低成本。这直接导致了市场上就业岗位的减少，使得大学生就业变得更加困难。

在校大学生和刚刚进入劳动力市场的大学毕业生普遍感受到越来越大的就业压力，

要不断调整自身的就业预期和就业选择，以适应市场风险和经济发展不确定性上升的大环境。规避风险、谋求稳定性和安全感逐渐成为大学生就业取向的主流。部分学生及其家庭的求职意向更加倾向于选择稳定型工作岗位，更加关注体制内工作，虽竞争激烈，却仍不愿意调整就业期望。不同层次的高校毕业生在求职过程中都存在"无业可就"与"有业不就"的现象。

（一）求职中常见心理问题

1. 焦虑心理

焦虑是由心理冲突或挫折引起的，主要表现为恐惧、不安、忧虑及某些生理反应。适度的焦虑是正常现象，会使人产生一种压力感，这种压力感会促进我们积极努力，有利于我们求职的准备。但过度焦虑则会干扰人的正常活动，不利于求职前的准备和求职中的自我展现，严重的还会产生心理障碍或疾病。

【典型案例】

求职焦虑

张某，某大学研三毕业生，已向数十家单位投递简历，并进行了多次笔试和面试，但都没有结果。看着周围同学一个个拿到心仪的入职通知书，而自己还没有着落，再加上毕业论文还未写完，一时间不知自己是埋头写论文还是找工作，焦虑难安。他近两个月几乎没有和朋友交谈过，遇到同学也是沉默寡言，人也日渐消瘦。父母稍有过问，他就大发雷霆，毕业和就业问题让张某疲惫不堪，严重影响了正常的学习和生活。

研究生临近毕业时面临毕业与就业的双重压力，部分学生整日忧心忡忡，焦虑难安。一方面担心毕业论文查重与毕业答辩，另一方面担心自己能否找到心仪的工作，尤其是一些学习成绩不理想、多次经历求职失败、存在生理缺陷、家庭经济困难的学生更易表现出焦虑。这种焦虑使学生毕业时精神负担重，紧张烦躁，睡眠质量下降，学习效率降低。有些同学在屡遭挫折后，甚至产生了恐惧感，一提求职就紧张，无所适从。

要克服焦虑的心理，首先，要克服择业心切、急于求成的思想。急于求成反而容易导致择业失败，失败的体验又会强化自责、忧虑、沮丧的情感，导致焦虑加重。合理设计求职目标，增强求职的勇气，会降低心理焦虑的程度。其次，学会自我放松训练，紧张不安时进行一个深而慢的腹式呼吸，对缓解焦虑也是很有效的。再次，学会倾诉，找到好友或长辈就自己求职中的问题向他们倾诉，在释放消极情绪的同时寻求安慰与支持，也能从长辈或好友处获得一些求职建议，这都有利于我们成功求职。最后，要制订计划，分解压力及缓解焦虑。学会抓紧眼前的事，不要去空想以后，有计划地筛选求职信息，再投递简历并参加招聘。

2. 自卑心理

【典型案例】

不敢求职

小东是某 211 高校硕士研究生，本科就读于某三本院校。2023 年 9 月初，当全班同学都在为找工作四处参加招聘会，忙着投简历时，他却连简历都未制作，父母、老师都为他着急，他却说："我要成绩没成绩，要能力没能力，出身也不好，什么都不突出，哪个单位会要我呢？"

其实，小东并非像自己说的那般一无是处，他一次就考上研究生，也通过了英语四、六级考试，成绩虽不是拔尖但是也属于中等水平，做事也踏实认真。他之所以不去找工作，其实是一种自卑的表现，没有看到自己的优点，对自己没有信心，害怕在招聘会上碰壁，害怕遭受打击，因此选择了逃避的方式。

类似小东这样的学生还有很多，一些研究生在本科毕业后直接步入了研究生学习，从未有过求职经历；一些研究生因为本科毕业院校较差；一些研究生因为对自己的能力缺乏了解，对自己胜任的工作不敢说"行"，很不自信。在人才竞争严峻的当下，涉世未深的研究生产生自卑心理是正常的，也是普遍的。那么，如何在求职过程中消除自卑感呢？

首先，要正确评价自己。正确评价自己就是要纠正过低的自我评价，发现自身的优点与长处，即使是微小的长处也不要忽略。能从考研场上脱颖而出已经是同辈中的优秀者，若不相信自己，总想着"我办不到"，那么慢慢你就会真的办不到。一个人的自信心是在不断战胜困难中逐步培养起来的。

其次，要学会积极的心理暗示。从每天早上对镜中的自己的一个微笑、一句肯定开始，学会观察生活中自己的优点与成功，及时发现并肯定自我，常对自己说一声"加油，你可以的"。

最后，要有所行动。因为自卑心理，一些学生可能害怕踏出求职这一步，害怕被拒绝，因此也不主动求职。在其他人已经经历多次面试拿到多个职位时，一些学生可能连简历都未做好。别人的成功都是努力奋斗和一次次失败的铺垫换来的，与其担惊受怕不如实实在在行动起来，从实战中积累经验，为顺利就业打好基础。

3. 盲目自信，求职期望过高

【典型案例】

985 硕士研究生，也找不到工作？

小西，某 985 高校硕士研究生毕业，由于学习成绩优秀，在校期间长期担任学生会干部，具有很强的管理和组织能力，深得学院老师的好评。一次校内招聘会上，他同时被几家用人单位看中，他也为自己感到高兴。然而他最终没有被任何一家企业录用，原因是他提出的薪水和岗位要求让那些中意他的企业均望而却步。据用人单位反馈，小西自身条件确实具有竞争力，但他的择业心理期望过高，盲目自信，不切实际，恐怕难以找到他认为合适的单位。

学历越来越高，工作却越来越难找，几乎成为应届毕业生们的一种共识。据智联招聘发布的《2024 年大学生就业力调研报告》显示，2024 年，硕博学历应届毕业生录用通知获得率为 44.4%，较去年下降 12.3%，且低于本科生的 45.4%，高学历低就业率的"学历倒挂"现象已悄然出现。在非"双一流"高校中，就业"学历倒挂"的现象更为凸显。调研显示，非"双一流"硕博毕业生 offer 获得率为 33.2%，较去年下降 17%，同时比普通院校本科毕业生的 offer 获得率低 10.7%。没有名校的光环，但学历又处在上层，是整个硕士研究生群体中的大多数，尴尬的位置让其在就业市场中不免会出现"高不成低不就"的局面。

研究生在求职时，往往对薪资、职位和工作环境有较高的期望。他们认为，凭借自己的高学历，应该得到更好的待遇。然而，现实情况是，很多企业并不能满足他们的期望。还有一些研究生不愿意降低标准，宁愿选择继续待业，也不愿意接受较低的职位和薪资。这种"高不成低不就"的心态，也是导致他们就业难的原因之一。调研显示 2024届硕博毕业生的期望月薪达到 12083 元，远超本科生的 6898 元，这种期望与市场实际薪资水平之间存在显著差距。对于即将毕业的研究生而言，一定要有清晰的自我认知，不能过于理想化。要清楚地认识自身的优势与不足，了解用人单位的用人要求，扬长避短，趋利避害，设计符合自身实际的求职方案，才能求职成功。

4. 嫉妒心理

嫉妒是指对他人的成就、特长或优越的地方既羡慕又敌视的情感。这种情感内化就是嫉妒心。嫉妒心理的主要特征就是把别人的优越之处视为对自己的危险，因而感到心理不平衡，甚至是愤怒，于是借助贬低、诽谤甚至报复的手段以求得心理的补偿或摆脱恐惧和愤怒的困扰。

【典型案例】

凭什么是她？

小张和小孙是一个宿舍的同学，入学不久后，两个人就成为形影不离的好朋友。小孙性格外向，活泼开朗，掌握多种乐器，小张性格内向，沉默寡言，一心都在学习上。小张逐渐觉得自己像一个丑小鸭一样，而小孙却像一位美丽的公主，她心里很不是滋味，认为小孙处处比自己强，开始冷落小孙。临近毕业了，两人都忙于找工作，很快小孙就找到了称心如意的工作，但小张却在多次面试中受挫。小张先是羡慕不已，后又因自己求职失败的经历而痛苦不堪，极端扭曲的心理下小张写下匿名信让小孙的工作泡汤。

在择业过程中的嫉妒可能表现为看到别人找到理想的工作时产生羡慕，转而又觉得痛苦不甘，甚至有人为了不让别人超过自己，采取背后拆台等卑劣手段。求职过程中的嫉妒心理会使朋友关系恶化，还会使班级或宿舍人心涣散，人际关系冷漠，嫉妒者本人的内心痛苦也会增加，影响自己求职的顺利进行。换句话说，嫉妒心理于人于己都不利，作为高学历人才的研究生更要注意克服此种心理。克服嫉妒心理一方面依赖自我修养的加强，提高道德水平，胸怀大度，宽以待人。另一方面要客观看待自身得失，不拿自身的缺点与别人的长处比较。

5. 从众心理

【典型案例】

加入"考公"大军

小刘研究生快要毕业了，对于职业选择仍有一些迷茫，受大环境影响，家里经济也大不如前，他看着周围的很多同学选择考公务员或者教师。为了稳定，他也盲目加入了"考公"大军，但是"考公"竞争非常激烈，他连续两次均未考上，随着待业的时间越来越长，他跟家人的矛盾也日益增加，他开始怀疑自己当初加入"考公"大军是否是正确的选择。

面对充满不确定性的大环境，毕业生们找工作的心态也逐渐从"求好"向"求稳"转变。据《2019年部分"双一流"高校毕业生体制内就业占比》报告显示，部分高校有超过一半的毕业生选择进入体制内，甚至有些在80%以上；清华大学2020年就业报告中，加入党政机关、事业单位、国有企业的比例之和为64.9%，总数过半。调研显示，2024届求职毕业生中，51%认为"稳定最重要"，与去年比提升了10个百分点，且更加热衷于"体制内"工作。

"考编"之所以越来越热，一方面，主要是受到就业环境影响，自主创业的不确定性因素越来越多，导致很多人秉持保守的就业择业观，加之受到"学而优则仕"的传统观念影响，"稳定的工作"相对而言性价比更高。另一方面，部分高校对毕业生就业指导不足，不少毕业生缺乏明确的就业规划，专业特长、兴趣爱好不突出，所以暂时加入"考编"队伍。

这些从众心理引发的后遗症，不仅不利于年轻人的个人发展，也对整个社会的就业结构和形态造成了影响。在这种从众心理下，随波逐流卷入"考公"的年轻人越来越多。对于即将毕业的研究生而言，要根据自身实际情况做好职业规划，而非盲目地跟随大多数。

（二）就业心理调适

研究生面临着毕业与就业的双重压力，若无法较好地应对，会对身心产生严重影响，可以从以下方面进行调适：

1. 认识自我，明确方向

深度探索自我，挖掘内在潜能。在就业准备之初，需要首先进行深入的自我探索。这不仅仅是对自己兴趣爱好的简单梳理，更是对自己性格特质、价值观、技能优势及潜在发展空间的全面剖析。通过心理测评、职业性格测试等工具，可以更加清晰地认识到自己的长处与短处，从而在职业规划中做到扬长避短。同时，也要勇于面对自己的不足，积极寻求提升途径，为未来的职场竞争打下坚实基础。

2. 评估就业市场，树立合理期望

在明确个人定位后，还需对当前的就业市场进行理性评估。了解行业发展趋势、岗位需求变化以及用人单位的招聘偏好，有助于更加准确地把握就业方向。同时，也要树立合理的就业期望，避免盲目追求高薪高职或一味追求稳定安逸的工作。要认识到，初入职场更多的是积累经验和锻炼能力的过程，要保持开放的心态和积极的学习态度。

3. 正视就业压力，培养抗压能力

就业季往往伴随着巨大的心理压力。面对激烈的竞争、未知的未来以及可能的挫折与失败，要学会正视这些压力并培养自己的抗压能力。可以通过运动锻炼、冥想放松等方式来缓解紧张情绪；也可以与亲朋好友、导师或心理咨询师交流分享自己的感受与困惑；更重要的是要相信自己的能力和价值，以积极的心态面对挑战。

4. 制订详细计划，明确求职目标

在充分的自我认知和心态调整的基础上，制订一份详细的求职计划。包括明确自己的求职目标、筛选合适的岗位与单位、准备简历与面试材料等。在制订计划时要充分考虑自己的实际情况和市场需求，确保目标既具挑战性又可实现。同时也要注意时间管理和优先级排序等问题，以确保计划的顺利执行。

（三）保持积极的就业心态

1. 正视挫折与失败，从中吸取经验

求职过程中难免会遇到许多委屈、困难甚至挫折，就业的过程也是重新认识自我、认识社会，并主动调适自我适应社会的过程。要学会正视这些经历并从中吸取经验教训。挫折并非终点而是新的起点，每一次的失败都是向成功迈进的一步。通过积极的自我反思和总结经验教训可以不断调整求职策略和方法，提升求职成功率。

2. 构建支持系统，寻求帮助与支持

面对就业压力和挑战时，毕业生不应孤军奋战，要积极构建自己的支持系统，包括家人、朋友、同学以及专业人士等。在求职过程中遇到困惑和难题时可以向他们寻求帮助和建议；也可以参加职业规划讲座、就业指导课程等活动来获取更多的求职信息和资源；还可以通过加入校友会、行业协会等组织来拓展自己的人脉资源，为未来的职业发展打下基础。

（四）求职技巧

【典型案例】

尴尬的面试

陈某毕业后一心想去北京工作，看到了有相关单位在本专业招聘，就毫不犹豫地投递简历，通过初选后在面试时，面试官问她，"我们单位的具体名称是什么"。她顿时蒙了，想了半天后回答："我就只记了关键词，具体详细的名字记不太清楚。"面试官对她说："我们招人自然希望能非常了解本公司，你还是回去再多了解了解吧。"

从以上案例可以看出，由于陈同学对于用人单位缺乏了解，连最简单的问题都无法回答，这直接导致了她的求职失败。要想在面试中脱颖而出，给面试官留下深刻的印象，必须知己知彼，对自己和用人单位都有客观翔实的认识。求职应聘，是一个了解自己、了解用人单位，向用人单位展示自我能力与素质的过程。只有做好充分的准备，才能为自己成功求职做好奠基。

1. 获取就业信息

（1）浏览各类就业信息网站，包括中央有关部门主办的全国性就业信息网站、地方有关部门主办的就业信息网站、各高校就业信息网站及其他专业性就业网站等。

（2）参加各类招聘和双向选择活动，包括国家有关部门、各地、学校、用人单位等相关机构组织的各类现场或网络招聘活动。

（3）参与校企合作实习，包括社会实践、毕业实习等活动。

（4）查阅媒体广告，如报纸、刊物、电台、电视台、视频媒体等。

（5）他人推荐，如导师、校友、亲友等。

（6）主动到单位自荐求职等。

无论使用上述哪种方式，在浏览工作描述之后，你要特别注意其所提及的最重要的资格要求，这些将是你的简历中要包括的关键词。有时即使你没有符合用人单位所提出的全部要求，但是只要你觉得自己能够胜任这份工作，就可以提出申请。在投递简历申请面试后，如果可能，尽量与人力资源部门负责人进一步电话沟通，陈述你的兴趣、能力，了解招聘过程、期限等。

2. 了解职位

在找工作搜集招聘信息的过程中，对一个具体职位的信息至少应从以下几个方面来了解：

（1）单位的历史和发展潜力。

（2）公司的产品和服务是什么？

（3）工作地点在哪里？

（4）与行业发展趋势相比，公司过去几年的年销售额如何？

（5）公司主要竞争者有哪些？

（6）公司的培训和员工发展计划。

（7）公司的管理风格、组织文化。

（8）员工数量。

（9）组织结构、工作氛围、工作量。

（10）下属参与决策的程度与数量。

（11）该职位典型的职业发展路径。

（12）升职通道。

（13）如果是一个非营利组织，它的目的、资金来源、客户和功能是什么？

（五）如何准备个人简历

【典型案例】

打造求职简历

小田在校期间是个活跃分子，参加了很多社团活动，在各方面都取得了很多成绩。不过，在写简历时，这些经历反而给他带来了困惑：要是把这些成绩全部罗列在简历上，就会有长长的一串。这些工作有的和我目前申请的工作并不相关，如果列出来，招聘的人会不会对我有看法？要是略去这些内容，我的简历就会出现一些空缺，比较单薄，我到底应该怎样组织我的简历呢？

如何制作一份吸引人的简历，是每位即将踏入职场的新人必须学习的技能。简历作为求职的第一块敲门砖，其重要性不言而喻。它不仅是你个人经历、技能和成就的展示窗口，更是雇主初步了解你、判断你是否适合岗位的重要依据。

那么，如何才能制作出一份既专业又吸引人的简历呢？以下将从内容构思、格式设计、信息呈现以及细节打磨四个方面进行详细阐述。

1. 内容构思：精准定位，突出亮点

（1）明确求职目标。在制作简历之前，首先要明确自己的求职目标。不同的岗位对求职者的要求各不相同，因此你需要根据心仪的岗位来调整简历的内容。比如，如果你申请的是技术研发岗位，那么项目经验和专业技能就应该成为简历的重点；而如果你申请的是市场营销岗位，那么策划能力和销售业绩则应该被突出展示。明确求职目标，有助于求职者更有针对性地准备简历，提高求职成功率。

（2）梳理个人经历。回顾自己的研究生生涯，梳理出与求职目标相关的经历，包括实习、项目、科研、比赛等。在梳理过程中，要注重提炼每次经历的亮点和成果，用具体的数据和事实来支撑个人能力描述。例如，你可以说"在某项目中，我负责了某模块的开发，通过优化算法，提高了系统效率20％"，这样的描述既具体又有说服力。

（3）突出个人技能。除了经历，技能也是雇主非常看重的一部分。根据求职目标，列出与之相关的专业技能和软技能。专业技能可以是编程语言、设计软件、行业认证等；软技能则可以是团队合作、沟通协调、领导力等。在描述技能时，同样要注重用实例来佐证，让雇主看到你的技能是如何在实际中发挥作用的。

2. 格式设计：简洁明了，易于阅读

（1）选择合适的简历模板。简历的模板选择非常重要，它直接影响到简历的整体视觉效果和阅读体验。一般来说，简历模板应该简洁明了，避免过于花哨的设计。可以选择一些经典的简历模板，如反向时间顺序模板，这种模板将最近的经历放在最前面，便于雇主快速了解你的最新动态。

（2）合理安排布局。简历的布局要合理，既要保证内容的完整性，又要避免过于拥挤。可以使用段落、标题、列表等方式来划分内容，使简历结构清晰、易于阅读。同时，要注意字体和字号的选择，保持整体的一致性，确保雇主在阅读时不会感到费力。

（3）注意色彩搭配。虽然简历应该以内容为主，但适当的色彩搭配也能提升简历的吸引力。可以选择一些淡雅的色彩作为简历的背景或标题颜色，但要避免使用过于鲜艳或刺眼的颜色。同时，要注意色彩与内容的协调性，确保色彩不会干扰到内容的阅读。

3. 信息呈现：精准表达，避免冗余

（1）精练语言。简历的语言要精练，避免啰唆冗长。每个部分都要用简洁明了的语言来描述，突出重点，避免无关紧要的细节。同时，要注意语言的准确性和专业性，避免出现错别字或语法错误。

（2）使用量化数据。在描述经历和技能时，尽量使用量化数据来支撑你的描述。量化数据能够更直观地展示你的成果和能力，让雇主对你的实力有更具体的了解。比如，你可以说"在××实习期间，我参与了××项目的策划和执行，帮助公司实现了××万元的销售额增长"，这样的描述比单纯的文字描述更有说服力。

（3）突出成果。在简历中，要突出你的成果和贡献。无论是项目经历还是实习经历，都要强调你取得了哪些具体的成果，这些成果对公司或团队有哪些积极的影响。这样能够让雇主看到你的价值所在，提高你的求职竞争力。

4. 细节打磨：精益求精，追求完美

（1）检查错别字和语法。在提交简历之前，一定要仔细检查错别字和语法错误。这些错误虽然看似微不足道，却会大大降低简历的专业性和可信度。可以使用一些专业的简历检查工具或请朋友帮忙检查，确保简历的准确无误。

（2）调整排版和格式。简历的排版和格式也是非常重要的。要确保简历的每个部分都清晰可辨、字体和字号保持一致。同时，要注意段落的划分和标题的设置，使简历结构清晰、易于阅读。此外，还要确保简历的页边距、行距等细节都符合规范，避免出现排版混乱的情况。

（3）更新联系方式。在简历中，一定要提供准确的联系方式，包括电话号码、电子邮箱等。同时，要确保这些联系方式的畅通无阻，以便雇主能够及时与你取得联系。此外，还可以考虑在简历中附上个人网站或社交媒体链接，展示你的更多作品和成果。

（4）定制化简历。针对不同的求职岗位和公司，可以对简历进行适度的定制化调整。比如，可以根据公司的文化特点来调整简历的语言风格；根据岗位的要求来调整简历的重点内容等。根据不同的求职场景和岗位需求，可以准备多种版本的简历。比如，针对技术岗位的简历可以突出技术技能和项目经验；针对管理岗位的简历则可以突出领导力和管理经验。这样能够更好地匹配不同岗位，提高求职的命中率。

（六）如何写求职信

1. 着重突出求职优势

每个人的求职优势都不一样，为了能够尽可能杀出重围，你要在求职推荐信中突出自己的优势。要展现出这份工作需要的能力和水平，阐述并突出自己的具体优势有哪些，以及和其他竞争者相比又好在哪里。

2. 层次分明，简洁大方

求职信和简历有很多相似的地方，只不过求职信是以信件的方式，但是一定不可忽视的一点就是简洁度。如果不够简洁，会让面试官丧失继续阅读的欲望，只有条理清晰、整洁大方的求职信才能够让人抓到重点。

3. 情感真挚，表达自然

求职信也是要讲究情感的，一封好的求职信也要能够表达出求职者内心的情感，那种情感是一种真诚想要获取工作的情感，要表现出进取心和积极向上的生活态度，让求职公司能够感受到你满满的正能量，同时话语之间又要不失自然大方的气度。求职信不同于简历，简历要写得具体、全面，而求职信则要强调最重要的信息。包括：

你是谁？

你是怎样知道目标企业的？

你要申请什么职位？

你了解目标企业吗？

你为什么适合这个职位？

表明希望得到面试机会，注明联系方式。

【小贴士】

求职信范例

尊敬的×××（收信人的姓名、头衔）：

第一段：说明你为什么要写这封信，你所申请的职位或工作的具体名称，以及你是如何听说有这一职位空缺的。

第二段：解释你为什么对这个组织和这个职位感兴趣，说明你要如何为该组织做出贡献。解释一下你的教育背景和相关经历如何使你有资格来申请这一个职位。突出强调你所取得的成就或比较特别的过人之处，但不要重复你简历中的内容，而是作为对简历的一个引介和提升（可挑选简历中的一两点突出之处，或是受简历格式所限而未能在简历中体现之处做更详细的说明）。强调你的技能与你所申请的职位之间的契合。这一段为求职信的核心内容。如果内容比较丰富，也可分为两段，但语言表达要简洁具体。

第三段：激发收信者对阅读简历的兴趣。表达你希望有机会面试的愿望。重申便于找到你的联系方式和联系时间。表示愿意提供更多的信息供对方参考。

最后，以一句期待对方做出回应的话结束你的求职信。

此致

敬礼！

姓名（如果打印需有亲笔签名）

附件：简历学历复印件……

4. 注意事项

（1）使用与简历相同的纸张、字体和页边距。

（2）要简短。求职信的长度不能超过一页。

（3）如果是英文信件，则要严格注意信件的格式。通常在信头处要按照英文信件的格式加上自己和收件人的地址，在信头和结尾处各留出四行空白。姓名放在左下角。

（4）要尽可能找出一个具体的收信人，用姓名、头衔来称呼收信人，而不要代以泛泛的称呼。

（5）要在信中表现出你对这份工作的热情和兴趣，同时不能让读者失去对它的兴趣。

（6）要表现出你对该组织有一定的了解，了解其工作重心和发展方向。

（7）展现出你的与众不同之处，至少要指出一点你的特色，突出介绍你的某种与工作相关的品质。

（8）控制段落长度，最多不超过 4 句或 5 句，一个句子最多两行，一段如果只有一句话，要先介绍这段话的主题。

（9）要清楚具体。你申请的是什么职位，你有什么样的经历或技能与其相关，都要清楚地说明。

（10）发送原创的信件，而不是大众化的复本信件。

（11）要积极主动，明确地表达你寻求面试机会的愿望。

（12）保留你的通信底稿，在合适的时间跟进。

（13）表示出温暖或友好。

（七）如何准备笔试

笔试是以试题的形式来对应聘者的综合知识和能力进行测试的一种方法。实际应聘时，用人单位可根据招聘岗位的实际需要，有时对应聘者的综合知识的广度做全面的了解，有时则对综合知识的深度和结构做深入的了解，有时则了解应聘者应用知识解决实际问题的能力。笔试的种类有以下几种：

专业考试。此类考试主要是为了检验应聘者文化知识水平和相关的实践能力。这种考试方式已被越来越多的热门就业单位采用。比如，外贸外资企业招聘需要考外语，公检法机关录用干部要考法律常识等。

心理测试。心理测试是要求应聘者完成标准化量表或问卷，根据完成的数量和质量来判定其心理水平或个性差异的方法。一些特殊的用人单位常常以此来测试应聘者的态度、兴趣、智力、动机、个性等心理素质。

命题写作。这种考试的目的在于考查应聘者的文字表达能力以及分析问题和逻辑思维的能力。比如限时写出一份会议通知、请示报告或某项工作总结等。

国家公务员录用考试。公务员的录用考试一般分两步进行。第一步是统一的考试，考试内容综合性较强，涵盖语言、数学、心理测试等各科知识，内容多，题量大，要求考生反应快。如果达到了规定的分数线，第二步就会通知考生去报考的单位进行面试。

笔试从某种角度来说，可以更深入地检验毕业生的综合素质、知识积累及灵活应用的能力。但是，求职过程中的笔试毕竟不同于学校的考试，用人单位的出题方式远比学校灵活多样，侧重能力，而不是单纯的知识。在参加笔试时，要认真审题，将自己的认知水平、知识水平和能力水平通过笔试较好地显示出来。

（八）如何准备面试

面试是用人单位派专人通过当面问答对应聘者进行考核的一种方式，是通过交谈、问答、场景考察等方式对应聘者进行考核的一种方式。面试是求职者全面展示自身素质、能力、品质的最好时机，如果发挥出色，可以弥补笔试或学历、专业上的一些不足。因此，若想实现顺利求职，就必须了解面试的有关内容，熟悉面试中的问题，掌握面试中的技巧。

1. 面试的形式

（1）一对一面试：比较常见的面试形式是一个面试官面试一个应聘者。有时，这是几轮面试中的初次面试，第二轮和第三轮面试通常有若干面试官。

（2）团体面试：团体面试分为普通团体面试和竞争性的团体面试。

普通团体面试目的在于向应聘者提供大量关于公司和职位的信息。这种形式既节省时间，又可以保证每个人了解基本的事实。一般来说，普通团体面试后通常是个人面试。

竞争性的团体面试是许多应聘者同时被一个或多个面试官面试。面试官通过这种方式的面试，通常想了解你与团队互动的情况、每个应聘者在团队中的角色如何、谁会在团队中以领导身份出现等。在这种情况下，考虑周到、表现机智很重要，但是不要独占会谈场面。

无论是哪种团体面试，与跟你沟通交流的人保持良好的眼神接触是重要的，但也需要定期观察其他在场的人。

（3）结构化面试：这种面试方式的目的在于去除偏见，帮助雇主做出客观的决定。所有的应聘者都被问相同的问题，便于雇主评价应聘者。如果在面试结束时，你还没有传达出重要的信息，当被问及你是否有其他问题或其他事情时，要抓住这一时机呈现你的重要性。

（4）半结构化面试：在半结构化面试中，只有很少预先决定好的问题，所以你有较好的机会传达信息。也因此，需要做出非常充分的准备，要知道你想表达的重点。

（5）电话面试：由于距离等原因，第一轮面试中面试官会采用电话面试的方式。如果这个电话让你吃一惊，你还没有做好准备，可以请对方 15 分钟后再打电话给你，或者另外安排双方都方便的时间再联络。所有的面试技巧在电话面试中均适用。记得把简历和问题清单放在你的面前，把笔和纸放在你能够得到的地方，以便记下面试过程中想到的任何问题。注意语气和语调都很重要，可以利用你的语调和语气来表达你的兴趣。

2. 面试前做好准备

锻炼语言表达能力。对应聘者来说，流利自如、文雅幽默的谈吐是面试成功的必备条件。平时就要有意识地加强语言表达能力的训练，尤其是在做文献报告时，要用简短的语言说清楚研究做了什么，得到什么结论。文献报告的训练对研究生来说至关重要。此外，也要逐渐养成与陌生人自如交谈的能力，多参加集体活动，课堂讨论大胆发言，也有助于语言表达能力的训练。

充分了解应聘单位和应聘职位。正如本节内容开始前小陈同学的案例，面试官最简单的一问"我们单位的具体名称是什么"就将小陈拒之门外。对于面试官而言，他们的问题往往都是与应聘单位或应聘职位有关的。因此，面试前应尽可能多了解一些应聘单位的情况，对单位的性质、业务范围、发展情况等做到心中有数。此外，了解所求岗位对知识技能的具体要求也有利于有针对性地展示自己的特长。

熟记自身简历，随时准备回答与自身相关的问题。面试官一般以应聘者的有关情况作为面试的切入点。因此简历一定要真实，也要对自己的经历进行概括总结，重点突出，以便能在很短的时间内完整、流利地介绍自己，以免临时手足无措，词不达意。

注意仪表端庄大方。外貌和服装同语言一样，是面试官了解应试者的主要方式，也是第一印象形成的主要凭证。从某种意义上来说，仪表内容绝不亚于面试中的言语表达。应聘者应着重对自身外表进行一番打扮，女生化淡妆，男生整理利索，均能使自己在面试官面前有一个良好的精神面貌和好印象。衣服要以简练、精干为出发点，一般男生适合穿西装，女生穿套装或西装均可，不宜穿运动服、牛仔装或过紧衣服；头发应整齐、干净、有光泽，不要把发型弄得过于新奇而引人注目。

3. 面试中注意事项

（1）吐字清晰，用语准确。交谈中要吐字清晰，要使对方听清你的话语，不能含糊其词。用语准确才能把你所要表达的意思无误地传递给对方，使人听懂。

（2）语气平和，语调恰当，音量适中，语速适中。

（3）切题中肯，注意条理。回答面试官的问题一定要切题，不能答非所问，不然对方会认为你的思想有问题。回答问题有了针对性，才能给人干净利索的感觉。交谈中还应该注意逻辑层次和条理，切忌语无伦次和反复啰唆。

（4）消除羞怯，增强自信。自信是人的风度之本，是良好印象的第一要素。羞怯的人会让人感到你"没见过世面"。与面试官一交谈就面红耳赤，支支吾吾，不敢直视对方，这样的人缺乏自信心，没有正视面试的勇气和胆量，容易让人失望，难以录用。

4. 面试后总结复盘

每一次面试都是一次锻炼，要从每一次面试中学习，在每次面试之后可以问自己以下问题：

（1）我强调的重点中哪些可能会使用人单位感兴趣；

（2）我是否以最好的方式表示自己符合资格并且举出适当的例子作为证据；

（3）我是否清楚地解释了自己的个人目标、兴趣和愿望；

（4）我有没有漏掉推销自己的机会，以展示自己可以给单位做很多贡献；

（5）我说话是否太多或太少；

（6）我是否太过紧张，过分被动或主动；

（7）我有没有通过面试获得足够的信息来帮助自己做出决策；

（8）我可以为自己的下一次面试做什么改变。

四、博士研究生职业规划

研究生教育作为我国高等教育的重要环节，承载着国家发展和民族振兴的重大历史使命。2020 年，新冠肺炎疫情席卷全球，给我国的经济发展和社会进步带来了巨大压力，严重冲击着我国就业市场，就业格局和就业模式发生深刻变化。特别是直接导致部分企业倒闭，使得就业岗位减少，就业问题浮现。同时，随着研究生学历教育普及以及招生规模的迅速扩张，大量博士研究生毕业后进入社会就业市场，就业问题日益加剧。2023年陕西省高校博士毕业生的就业落实率为 76.68%。作为学位制度中的最高级别的博士，每年毕业生的数量大幅增加，而高端职位的数量并没有同步增长，越来越多的博士研究生并没有因为学历提升顺理成章找到"好工作"。

（一）要有职业规划意识

罗洪传等人（2020）对我国 2015—2020 年博士毕业生去向数据总体情况以及就业特征进行分析，发现博士研究生就业呈现出以下特点：

（1）我国博士毕业生整体就业率较高，待业率较低但呈上升趋势。2015—2020 年博士毕业生就业率最低的是 91.34%（2019—2020 学年），平均就业率是 94.01%。不同门类、专业学位类别的博士毕业生就业率差异较大，其中教育、医学、法律、管理以及经济等与经济发展和社会进步紧密相关的学科专业（类别）就业率较高。

（2）博士毕业生就业单位性质以"学术型"市场为主，"非学术型"市场为辅。在高等学校和科研设计单位就业比例高达五成，而"非学术"市场就业（国有企业 6.97%、民营企业 5.00%、事业单位 3.68%、行政单位 3.45%）整体比例较低。

（3）博士毕业生选择就业地区具有"属地原则、中心聚集效应"的特点。博士毕业生就业地区首先是偏好培养单位所在地区，其次是户籍所在地及其相邻地区。

（4）性别、学习方式对工作性质选择具有显著性差异。男博士毕业生倾向于管理相关工作，而女博士毕业生倾向于从事教学和/或科研工作。脱产学习的博士研究生毕业后主要从事教学或科研工作，半脱产学习和业余学习的博士毕业生主要从事管理工作。

（5）专业学位博士毕业生的就业与专业学位类别紧密相关。目前，我国专业学位博士研究生培养规模较小，类别相对单一，就业与专业学位类别紧密结合。

每个人都有自己的职业规划，从模糊到逐渐清晰。值得注意的是，即使到了博士学位攻读期间，仍有不少学生没有清晰地规划自己未来的职业方向。许多博士研究生并不清楚自己是否适合做学术工作，找到适合自己的职业是研究生在读期间需要思考的重要问题。对于博士研究生来说，职业规划绝对是需要花时间去思考和付诸行动的一件事。设想一下，毕业的时候你开始匆忙地思考工作这件事，做好了规划的同学已经拿到了梦寐以求的职位，那么你就被动很多，获得的职业也许并非你想要的。对未来从事什么工作还很茫然的博士研究生，一定要尽快有一个目标职业，职业规划这件事无论什么时候开始都不会太迟。

（二）做好"人职"匹配

职业生涯规划的核心内涵是做好"人职匹配"，通过系统科学的自我认知与职业/职场探索，根据自己的价值观和职业兴趣（能力倾向）偏好，将自己放在最恰当的位置上。对于博士研究生而言，要了解自己的生涯价值观和职业兴趣倾向与岗位要求是否匹配。

1. 确定目标职业

从读研究生开始，就去思考一些你感兴趣的职业并且考虑如何准备就业。试着去回答这些问题：我喜欢做什么样的工作？这个工作需要具备哪些能力？我的现状能做这项工作吗？我怎么实现目标？研究生的第一个学期，可以抽出一段时间去思考这些目标职业可能的发展。明确诉求以后，选定职业，列出这个工作需要的知识类型和技能，筹划研究生阶段你可以采取的能够帮助你实现这些目标的措施。

2. 选择职业发展方式

有了目标职业后，要思考未来的职业发展。职业发展通常有四种方式：直线上升型、专家型、螺旋式上升型、暂时型。

直线上升型：是一种在体制内的不断向更高的位置或者更有权力的位置晋级的方法；通常时间越长，就会有越大的权力和成就，比如在国家机关、事业单位、高校等机构工作。

专家型：一般是出于对职业的热爱，专注于某一个领域的知识和技术的积累。没有传统的所谓职级上的提升，最大限度是从学徒到师傅。选择从事这种职业的人需要具备某一种优势技能，比如擅长写作的撰稿人、高于平常人审美的摄影师等。

螺旋式上升型：周期性从事跨行业、跨领域、跨专业的工作。在跨越之前，会用足够的时间（通常是 7～10 年）做到某一个行业或者某一个领域很高或者很有竞争力的职位。选择这种职业的人希望有更高的创造性和有更强的个人能力。

暂时型：通常频繁地（一般是 3～5 年）在不同的或不相关的领域内工作，是一种非传统的从业方法。选择这种从业方式的人喜欢改变和独立。

（三）博士研究生自我淘汰机制

博士研究生在校学习期间不仅可以提升自己的学术能力，还可以通过自我评估与审核完善学术职业规划。博士研究生如果在遵守学术道德环节无法通过，就会被淘汰，说明不适合在学术圈子里从事研究工作。如果没有研究的冲动与兴趣，可能意味着需要尽快调整职业规划。如果在基础环节达不到学术要求，则意味着他们的研究潜力不够，没有必要投入更多的精力在文献的阅读与理论模型的构建上。如果他们对自己的未来一无所知，也不会制定自己的学术职业规划，这就要求他们不断地通过学习进行改善，如果仍旧做不到则可能需要考虑转行。这种培养模式实现了博士研究生的自我淘汰，每个理性的研究生都能够根据自己的兴趣、潜力、学术精神等判断自己是否满足从事科学研究的基本条件，进而做出自己的职业规划。

美国博士研究生培养过程中实行严格的资格考试及"淘汰制"，入学率很高，淘汰率也较高，目的就是通过筛选培养高质量的博士研究生。由于实行淘汰制度，学生在课程修习、资格考试、论文研究等环节中都有被淘汰的风险，学生面临着激烈的竞争和强大的学习压力。这一机制客观上促进了学生更加努力地学习，同时也有效地保障了博士研究生培养的质量（孙希，2007）。这种淘汰机制的根本目的并不在于淘汰，而在于重新对博士研究生进行职业规划，即一方面调整某些研究生的学术职业规划，另一方面则不断强化有潜力学生的职业发展，最终实现高素质人才的合理化社会配置，避免人才的巨大浪费。

研究生的自我认知能力在不断"成长"，这也决定了研究生在不同阶段对学习形式的适应力以及自身的兴趣爱好等都是动态变化的，对自己研究领域的认识也会发生改变。进入研究生学习阶段后，部分研究生尤其是直博生也许会因为研究兴趣的转变、科研能力较弱等原因对自己所从事的科研工作感到力不从心，逐渐丧失科研兴趣，认识到自己不适应研究生阶段的学习，期望中途退出。在研究生培养中植入学术职业规划，并且在职业规划体系中设计一种自我淘汰机制，为研究生的职业规划提供充裕的时间准备，有兴趣的、有潜力的学生留下来，而没有学术潜力的学生则有缓冲的机会重新做好职业规划。

（四）不以科研为梦想的职业选择

很多同学在求学路上因为种种原因选择了攻读博士学位，但是漫长的博士学习和科研实践消磨了不少人的初心，大家开始质疑自己是否适合做科研，开始思考除此以外的其他出路。对于已经计划不从事科研事业的博士研究生，应该如何规划自己的职业呢？

1. 在校期间要经营自己的人脉网络

由于你是要进入社会发展，社会人脉就凸显出了其重要性，因此要积极从在学期间的同学开始拓展人脉。同师兄师姐处理好关系，这有利于通过他们毕业以后的社会关系网搜寻到适合自己发展的职位。与项目的合作老师或者交流人员联络，也是很好的沟通渠道，他们与企业的横向合作也可能为你的求职提供机遇。有了信任基础，企业和你建立有效合作的时间成本更低，企业也更愿意录用你。

2. 提升自己的软实力

很多同学在校埋头做研究，忽略了一些职场必备技能，特别是软实力的修炼。博士研究生肯定在专业技能上很过硬，但是企业的要求是能高效率做项目的能力，也就是我们通常说的综合能力。这些综合能力在学生时代是可以发展的，比如口头和笔头表达能力（开组会、会议报告等）以及谈判能力（说服老板做某项科研）等，都将会是你进入社会的加分项。

3. 争取博士期间的项目实习或锻炼机会

留意相关领域的企业（国企或外企）是否有技术人才的成长培养计划，或者短期实习兼职的机会，积极地加入，发挥你的光和热，探索专业之外你同样有信心和感兴趣的工作方向，相信假以时日你也会在这个领域有所建树。同时，博士研究生往往有很大概率接触到与导师合作的企业。如果是直接参与合作项目，那毕业后直接去这些企业，会非常受欢迎；如果不是直接参与，也要找机会去帮助做事，从而接触到企业项目负责人，为未来就业打下基础。

4. 通过相关考试进入政府机关、事业单位

如果你拥有"富贵于我如浮云"的心态，不苛求"半生追逐功与名"的事业轨迹，不妨准备参加政府机关和事业单位的编制考试，工作相对稳定也没有企业那么大的竞争压力。

（五）以科研为梦想的职业选择

1. 入站博士后

截至 2023 年，中国累计招收博士后 34 万人，成为世界博士后规模的第二大国。而教育部的发布会中也提到，要推动高校扩大博士后招收培养的数量，将博士后人员作为补充师资的重要来源。博士后到底是什么？简单来说，博士后是博士与正式的大学教师或研究员之间的过渡阶段。中国于 1985 年开始推行博士后制度。获得博士学位是成为一名博士后的前提，但与博士不同，博士后是一份工作。

【典型案例】

我应该做博士后吗？

小刘，国内某双一流高校博士研究生毕业，科研功底较为扎实，学术成果颇丰，毕业论文被评为优秀博士学位论文，在导师的建议和他自己对大学校园相对平静生活的向往下，选择入站继续从事科研工作，成为一名博士后。他踌躇满志、意气风发，准备潜心从事科研工作。但是，随着博士顺利毕业、入站开展工作，他发现每天除了 4 至 6 小时的睡觉时间，其余时间基本都在工作，研究没有独立性，只能做课题组组长的"打工仔"，带着激情和奉献努力工作，通往永久职位的道路却笼罩在黑暗中……

博士毕业后若想直接进入平台好一些的高校做教职工，难度非常大，许多博士选择博士后作为过渡。尽管多数情况下博士后名额较多，然而随着内卷的加剧，博士后的申请难度也在加大，近几年也有毕业生申请不到博士后的情况。即便是拿到了博士后的职位，也不意味着就可以放松了。因为博士后这一阶段具有比较高的"不稳定性"。一方面，博士后期间大多数高校都有文章与项目的要求，如果两年之内没有完成指标，就要延期，而延期期间的收入也会锐减。对于普通的上班族来说，两年的时间并不算短，但在学术界，两年却是一个极短的周期。因为学术的周期比较漫长，两年内不可能产出太多东西。另一方面，博士后出站后会再次面临择业的选择。从硕士研究生到博士研究生再到博士后毕业，绝大多数人已经 30 多岁，将会面对生活与二次择业的双重压力与困境。再者，倘若博士后期间成果不佳，几年后学术水平和文章还在原点，再找高校类工作甚至不如刚毕业。倘若博士后期间有一定成果，但不足以让你能够直接进入层次更高的高校，甚至随着水涨船高，虽然你可选的范围多一些，起点高一点，但是收获可能还不如当初直接进高校工作几年。总的来说，博士后属于一种"不稳定性"的状态，具体是否选择做博士后还需根据个人的实际情况综合考虑。

做博士后的优点在于：第一，对于刚毕业的年轻人，进入博士后站，以博士后身份可以申请校级、省级和国家博士后基金委的博士后基金。相比之下，比直接冲击青年基金的竞争要小得多。尽管经费有限，但至少可为初期的科研开拓方向，打下一定的基础。第二，博士后期间不需要上课，可以有比较集中的时间专心做研究、出成果，算是留在高校的一条捷径。第三，做博士后可以结识合作导师和企业的人脉并获得机遇。特别适用于博士读的不是名校，博士研究生导师不是该领域影响深厚的学者，而博士后单位是国内顶尖名校，或合作导师是长江学者、杰出青年学者以及院士的情况。第四，博士后的待遇不断提高。很多高校已经在推进人事制度改革，实行师资博士后、科研博士后等制度，将博士后作为考察试用教师的一个"蓄水池"。博士后奖励政策出台后，博士后开始成为各地争抢的"香饽饽"。近年来，各地各单位纷纷调整政策，博士后待遇在全国范围内普遍上涨。目前，大部分学校的博士后待遇都是分层次的，其中最普通的是参照讲师的标准制定的，由于博士后都是临时聘用人员，有考核任务，所以，待遇会比讲师高一点。而对于优秀博士后，比如有突出的成果，将来要作为教师后备人选的，学校会参照副教授的标准给予待遇。因此，是否选择成为博士后，要根据自身实际情况综合判断，慎重决定。

2. 高校青年教师

在很多人看来，高校教师是一个令人艳羡的理想职业：工作自由、人际关系简单、社会地位较高……实际上，这一职业并非象牙塔之外的人想象的那么"风光"，背后也有无数的"辛酸泪"。青年教师主要面临着以下压力：

年龄压力。国家自然科学基金青年科学基金申请要求年龄限制为 35 岁，此后将不能申请。但现在 35 岁以下能够博士研究生毕业并获得教职的，通常是从本科一路读上去的人。只要中间工作过几年，就很难在 35 岁前博士研究生毕业并拿到高校教职，即使拿到了教职，也不太可能马上就能申请课题，通常也要准备一两年，许多人可能会超过青年科学基金的申请年龄。申请不到青年基金，对青年教师们后续的发展影响非常大。有青年科学基金的科研人员一般会受到学校或者研究机构的重视，他们可以通过课题经费组建科研团队，研究自己喜欢的领域，为以后在职称、科研上的晋升发展打下坚实的基础。同时，像"青年长江学者""青年拔尖人才""优青"等头衔相对也更容易获得。在拥有这些头衔后，青年学者往往可以获得相当数量的科研经费、津贴甚至是大学教职或职称，绝大多数高校还专门针对这类青年学者制定了相应的薪酬水平与科研经费。若申请不到青年基金，一些人的发展会受到影响，在一些高校可能还面临着无法通过考核评价，需要"走人"的情况。

学术压力。如今大部分高校都引入了"非升即走"制度。"非升即走"指的是新聘教师需在聘期内达到考核要求，晋升到高一级职称，否则学校便不再续聘。高校通常会在青年教师入职 3 年或 6 年内对其进行考核，如不能达到学校的要求升为副教授，那就很可能会被调岗。该制度是为了打破传统的高校教师"铁饭碗"，通过激发教师的工作活力来提升科研绩效。然而，许多高校的考核标准过高，给青年教师带来了很大压力。

教学压力。青年教师还面临着教学任务，教学、备课会占据他们一周绝大部分时间；此外，青年教师还需要担任班主任，学院时常还会组织一些学术会议，同时学校还与一些相关部门有合作项目，这些都需要青年教师们花时间投入，再除去照顾家庭的时间，真正能做科研的时间非常少。

生活压力。博士研究生毕业后普遍年龄都在 30 岁以上，这意味着青年教师刚开始工作就要面对"上有老、下有小"的生活压力。而若非有"青年长江学者""青年拔尖人才""优青"之类的头衔，青年教师的实际收入也并不高，还需面对经济上的压力。

此外，高校青年教师也有如下优势：在高校工作的青年教师，职业生涯发展相对稳定，未来可以走"助教—讲师—副教授—教授"这条较为稳定的晋升路径。相较于进入企业按照常规签订 3 年一期的劳动合同，青年教师对未来发展更加有规划，减少了对未知的探索。

同时，高校的相关福利也比较有吸引力。比如：解决子女户口及升学问题，孩子未来直升大学附属初高中，省了很多学区房和择校费的钱；大部分高校会分配住房，减轻博士的住房压力；工作进度和时间掌握在自己手中，大学教师拥有寒暑假，按项目自行调控科研时间；等等。

职业无高低贵贱之分，根据自身实际情况做好职业生涯规划，选择自己喜欢、擅长、适合的职业更为重要。

第三章　心理健康促进

心理健康是人在成长和发展过程中，认知合理、情绪稳定、行为适当、人际和谐、适应变化的一种完好状态，是健康的重要组成部分，良好的生活方式是人类身心健康的重要保证。

心理学家罗杰斯说过："人生最重要的，是拥有制造快乐的能力。"兴趣爱好不只是娱乐，还可以改善身心健康，促进人际关系和谐。在忙碌的工作之余，要学会放松自己，可以通过运动、正念、园艺、艺术等方法缓解学习压力，调节不良情绪，促进身心和谐，提升心理复原力。

快乐学习，幸福生活。走出实验室、教室和寝室，走进运动场、体育馆和心理放松室，在开放自然的场域中疏解负面情绪，使紧张、刻板的生活得到调剂，消除疲劳，焕发精神，增加生活乐趣。

第一节　运动疗法

生命在于运动，运动赋予我们健康。运动如同生命的活力乐章，奏响在我们生活的每一个角落。运动是保持健康的最佳处方，不仅对于躯体，对心理健康和社会适应也有非常重要的作用。体育心理学大量研究表明，长期坚持体育锻炼能十分有效地促进身体健康，治疗心理疾病。体育锻炼在塑造强壮体魄的同时也培养了人们良好的心理素质。体育锻炼可以促使个体摆脱烦恼和痛苦，降低应激水平，增强处理应激情境的能力。麦克曼等人的研究表明，经常参加身体锻炼者的焦虑、抑郁、紧张和心理紊乱等消极的心理变量水平明显低于不参加身体锻炼者，而愉快等积极的心理变量水平则明显要高一些。南澳大学的研究人员发现，轻度至中度的抑郁、焦虑和心理困扰症状可以通过体育活动来缓解，锻炼的效果是咨询和顶级药物的 1.5 倍，锻炼应该成为抑郁症和其他常见心理健康问题的主要治疗方法。

体育锻炼之所以能够促进人的心理健康，是因为体育锻炼的参与者能体验到运动带来的愉快感。心理学家认为，适度负荷的体育锻炼能够促进人体释放一种多肽物质——内啡肽，它能使人们获得愉快、兴奋的情绪体验。参加体育锻炼，尤其是参加那些自己喜爱和擅长的体育锻炼，可以使人从中得到乐趣，振奋精神，从而产生良好的情绪状态。

一、高校学生体育锻炼现状

大学生缺乏体育锻炼。李巨泽（2021）等人的研究显示，大学生每周进行体育锻炼的频次主要集中在 2~3 次，占比接近 50%；锻炼次数达到 4~5 次的学生占 31.03%，6 次及 6 次以上的学生仅占 10.86%。岳红颜（2018）对上海大学生的调查显示，大学生每周参加 4 次及以上体育活动的人数占大学生总人数的 50.8%，每次锻炼时长 30 分钟以上的占 33.4%，锻炼时间在 20~30 分钟之间的占 25.1%。陈宝文（2018）等人的调查显示，在参与调查的 1060 名大学生中，完全了解科学体育锻炼的只有 9.4%，大部分学生对科学体育锻炼的了解程度比较低。李玥璇等人（2021）的调查也发现，除了体育专业的学生外，其他专业的学生对科学体育锻炼的了解程度均低于 35%。这反映了大学生对于身体素质锻炼方面的内容和相关知识的匮乏。

研究生不经常参加体育锻炼，体育锻炼的运动量不足，不会科学地进行体育锻炼。2022 年 *Nature* 杂志面向全球硕博士研究生进行满意度调查，其中 70% 受访者表示，平均每周花在研究项目上的时间超过 40 小时。中国科协公布的一项调查显示，拥有博士和硕士学位的科技工作者每周花在运动上的时间都不足 5 小时，显著少于其他学历群体。调查显示，78.63% 的研究生认为高校不重视研究生体育锻炼或重视程度一般。研究生参加体育锻炼严重不足，体育锻炼的总体水平非常低，有相当一部分人从不锻炼；高校研究生参与体育锻炼的运动量和时间都难以达到锻炼的基本要求，体育锻炼意识比较差。

二、体育运动促进心理健康

（一）运动有利于改善情绪

当今人们处在快节奏、高效率、强竞争的环境下，通过体育运动可以改善不良情绪状态，提高心理承受能力。有大量的研究显示，运动给人带来的好处不仅是生理上的，适当的规律性运动还能促进内啡肽的分泌，而在内啡肽的作用下，人的心情可以变得轻松愉悦，因此内啡肽也被称为"快乐激素"或"年轻激素"，它可使人缓解紧张、排遣压力，内啡肽还是提升情绪的生理基础，能够使人保持健康的情绪状态。长期规律运动可以缓解心理压力，提升心理素质，为未来的学习和工作打下良好的基础。研究人员发现，运动可减少情绪上的负担，甚至能减轻因精神压力的偶发事件而造成的心理负担。当我们把散步、慢跑、打球等活动安排进日常生活，并形成习惯，便能感受到一股更加向上的力量。

（二）运动可以快速缓解压力

当一个人处于巨大压力之下时，他的肌肉可能会持续紧张，尤其是面部、脖子和肩颈部位的肌肉，持续紧张往往会导致背部、颈部疼痛。他也可能因此受到失眠、胃痛、腹泻或尿频等问题的困扰。而当他发觉这些压力带来的身体不适后会更加担心，于是导致更大的压力，最终陷入身心失调的恶性循环之中。而运动就是打破这个恶性循环的有效方法之一。运动除了可以促进内啡肽的释放外，还有助于放松肌肉，缓解身体紧张。当一个人的身体感觉良好时，他的心境和情绪状态也会随之改变。运动对大脑最常见的好处之一就是减少压力。锻炼到出汗可以减少体力和脑力压力，提高体内肾上腺素的浓度，这种化学物质可以调节大脑的应激反应。

（三）运动可以提高自我效能感

自我效能感是人们对自身能否利用所拥有的技能去完成某项工作任务的自信程度。经常运动的人自我效能感显著增强。我们也会将经常运动的人描述为"更积极、更专注"，心理学称之为心理效能感高。自我效能感是我们每一个人走向成功需要具备的基本心理品质，而运动是提升自我效能感的有效途径。如果我们通过不断练习、训练和磨炼，在运动中得到了肯定、赞美和羡慕，必然会获得自我成功的认知和高峰体验。成功的经历是影响自我效能感最重要的方式，为自我效能感的提高提供了最有效的支撑。

（四）运动促进人际关系

运动有利于人们改变消极的自我概念，增加人际互动，提升人际关系。体育运动引发身体内部产生的一系列生理生化反应，能促进负面情绪的宣泄，释放心理压力，激发积极情绪，从而锻炼情绪调节能力，提高自我效能感，增加心理的柔韧性。长期坚持规律运动的人，对自己有较强的自我认同，更有自信心，自我评价更积极，整个人的气质也会更上一层楼。另外，集体运动能很好地促进人际互动，改善人际关系。在运动场上，运动不仅促进了人们的交流，而且运动带来的积极效应会延续到运动之外的场域与时段当中。积极的人际交往不仅是心理健康的基本特征，同样也是应对心理困扰的最有效的资源。

（五）运动提升认知能力

体育运动各项目都有一个共同的特点：即在运动或高速运动中要求运动者既要能对外界物体（如球、器械等）做出迅速准确的感知与判断，又能迅速感知、协调自己的身体以保证动作的完成。长期运动能促进人感觉、知觉能力的发展，提高人的反应速度和直觉判断能力，使人变得敏锐、灵活。运动可以减缓认知的衰退，激发大脑中化学物质的活性，阻止海马体的老化。海马体是大脑用于记忆和学习的重要部分。规律有效的锻炼，可以让大脑海马体的体积增长，延缓年龄增长对大脑的影响，增强记忆力。

（六）运动对很多心理疾病都有很好的改善和治疗作用

在运动的过程中，人们往往更加专注于自己的身体，这可以让人暂时转移对焦虑目标的注意力，让情绪有了一个放松的空间。运动除了具有分散心理疾病患者不良注意力的基本心理治疗作用以外，对于特定的心理疾患也有显著疗效。运动是强有力的抗击抑郁症状的武器，尤其是有氧运动，可以加快血液循环，增加大脑供氧量，促进内啡肽和血清素的分泌。临床研究发现：通过运动可以提高相关神经递质的浓度，对抑郁症患者产生"情绪改善"的作用。同时，运动可以让人从负性想法的循环中抽离，对于改善抑郁症患者常见的兴趣丧失、愉快感缺乏等症状也有一定的效果。运动是一种自然而有效的抗焦虑自助方法。它通过促进内啡肽的释放有效缓解紧张和压力，提升体力和精力，从而促进健康。

许多国家已将体育锻炼作为心理治疗的手段之一。美国的一项调查显示，1750 名心理医生中，80％的人认为体育锻炼是治疗抑郁症的有效手段之一，60％的人认为应将体育活动作为一种治疗手段来消除焦虑症。詹姆斯·布鲁门萨尔的研究表明，用运动的方法治疗抑郁症与通过药物手段治疗的效果几乎完全相同，且运动治疗的复发率大大低于药物治疗的复发率。临床研究表明，通过参加一些如慢跑、散步、徒手操等身体练习能有效地减轻焦虑和抑郁症状，增强自信。除此之外，有关体育锻炼的心理治疗效应还反映在对精神分裂症、酒精和滥用药物、体表体形症状的研究等方面。在学生中，通过体育锻炼可以减缓或消除由于学习和其他方面的挫折而引起的焦虑和抑郁等症状，为不良情绪的宣泄提供一种合理有效的途径，防止心理障碍或疾病的发生。

三、如何科学运动

运动对个体的情绪调节、压力缓解、改善人际关系都有影响，并具有一定的心理治疗作用，那么我们是不是只要去运动就可以起作用呢？当然不是，只有科学合理的运动才有效果。

（一）并非所有的运动都可以促进内啡肽的分泌

一般认为有氧运动比无氧运动更加容易促进内啡肽的分泌。促进内啡肽的分泌需要达到一定的运动强度，如：跑步、登山、游泳、骑自行车、跳健身操等中等偏上的运动强度和半小时以上的运动时间，才能促使内啡肽的分泌。但是必须指出，运动过度尤其是运动时间过长会产生严重的疲劳，各种有害于情绪的生理活性物质也会分泌得更多，这不仅会抵消内啡肽的作用，甚至会变本加厉，使人的情绪更加低落。所以要根据自己的身体状况选择适合的运动及强度，这样既有利于提高身体机能，又有利于恢复体力。

（二）运动锻炼要循序渐进

参加运动锻炼决不能急于求成，要懂得达到健身祛病的效果绝非一朝一夕所能办到的事，应该有目的、有计划、有步骤地进行科学性锻炼，要循序渐进、日积月累，这样才能取得令人满意的锻炼效果。刚开始锻炼时的运动量要小，适应后再逐步增加并达到适宜的运动量。经过一段时间的锻炼后，如运动时感到发热，微微出汗，运动后感到轻松、舒畅，食欲、睡眠均好，说明运动量恰当且效果良好，就应该以此为标准坚持下去。锻炼的动作应由易到难，由简到繁，由慢到快，时间要逐渐增加。每次运动时要由静到动，由动到静，动静结合，逐步过渡。要想掌握动作要领、技巧和锻炼方法，也必须循序渐进，经常练习，巩固效果，才能达到预期的目标。

（三）运动锻炼要持之以恒

要取得良好的效果，持之以恒地参加运动必不可少。建议根据自己的体质、健康状况、运动能力，确立一个能实现的锻炼目标，制订切实可行的锻炼计划。生活中要劳逸结合，避免因太忙或过度疲劳而放弃锻炼计划。要从"锻炼是生活一部分"的高度来认识运动，长期坚持。在掌握运动量的基础上，最好每天坚持锻炼，实在有困难时，每周锻炼不应少于 3 次，每次锻炼 30 分钟左右即可。参加运动锻炼要有决心和毅力，要行之有效，持之以恒，达到"功到自然成"的效果。同时，要合理地安排锻炼时间，养成按时锻炼的良好习惯，这样才能做到持之以恒。

（四）运动锻炼要因人而异

根据自己的气质类型和个人爱好来选择运动项目，同时也要根据自己的身体情况来选择运动项目。像医生给病人开处方一样，不会有一张运动处方适用于所有人。要根据每个人自身的特点、健康状况、运动习惯来选择运动项目，决定运动量大小和锻炼时间长短，不能千篇一律，要因人而异。

（五）对于心理问题患者，需要科学运动

国内外都出版过运动治疗抑郁症的指南。英国国家卫生与临床优化研究所在指南中指出：对于轻中度抑郁症患者，应将运动疗法作为治疗选择之一。我国的《抑郁障碍防治指南（第二版）》中也明确提到运动疗法可用于治疗抑郁症。科学的运动能获得最大的心理效应，只有愉快和有趣的活动才能达到最佳的情绪效应。每周 2～4 次，每次至少持续 30 分钟，持续 8～10 周的锻炼才能达到有效的身体锻炼效果。还要注意一点，并不是越高强度的运动越有效，对于常人来说更适合选择有氧运动或者有节奏的腹式呼吸的运动，如慢跑、快走、游泳、骑自行车、太极、八段锦等中等负荷强度的运动。研究发现，中等强度比高强度的锻炼对增强心境更有效。如果有心理问题，更应该建立起运动习惯，通过运动来促进心理健康。运动能够提升个体的抗压能力，降低抑郁焦虑水平，改善生物节律，提高睡眠质量，降低疲劳感，增强自信心，焕发创造力。

【小贴士】

不同性格的人适合的体育运动项目

经常参加运动，能够增强自信心，体验成功感，克服自卑心理。体验成功的喜悦、失败的沮丧、进步的欣慰、失误的悔恨，对磨炼自己、增强心理承受能力有着积极作用。不同的性格可以通过不同的体育运动来进行调整。

腼腆胆怯：如果觉得自己胆子小，做事怕风险，害羞，易脸红，可以多参加游泳、拳击、跳马、单双杠、平衡木等活动。这些项目要求人们不断克服害怕、跌倒等各种胆怯心理，以勇敢、无畏的精神去战胜困难。经过一段时间的锻炼，动作熟练后，胆量自然会大，处事也老练成熟许多。

孤独怪僻：如果觉得自己不太合群，不习惯与同伴交往，那就应该选择足球、篮球、排球及拔河等集体项目。坚持参加这些项目的锻炼，会帮助人慢慢改变孤僻的性格，逐步适应与同伴交往。

急躁易怒：若发现自己遇事急躁，感情容易冲动，那就应该多下棋、做瑜伽、慢跑等，这些项目能帮助你调节神经活动，稳定情绪，增强自我控制能力，使容易急躁的弱点得到改善。

自负好强：若发现自己有争强好胜的短处，可选择一些难度大、动作较复杂的技巧性运动，如跳水、体操、艺术体操等项目，也可找一些实力水平超过自己的对手打乒乓球、羽毛球，以不断提醒自己人外有人。

遇事紧张：如果感到自己遇到重要的事情容易紧张失常，那就应该多参加公开、激烈的体育比赛，特别是足球、篮球、排球等项目。因为场上形势多变，比赛紧张激烈，只有冷静沉着地应对，才能取得优势。若经常在这种激烈的场合中接受考验，遇事就不会过分紧张，更不会惊慌失措。

第二节　正念疗法

正念这一概念来自古老的佛教，是佛教中重要的修行方法。结合心理学和心身医学理论及方法后，正念在当代被发展成了一种系统的心理疗法。较为成熟的正念疗法包括正念减压疗法、正念认知疗法、辩证行为疗法和接纳与承诺疗法。

面对日益增长的心理压力和各种心理问题，正念疗法提供了一种非药物、非侵入性的干预手段。正念，强调以开放、接纳的态度面对生活中的各种体验，这与传统文化中倡导的和谐与平衡理念相契合。研究显示，正念练习能够帮助个体识别和接纳负面情绪，降低其对日常生活的影响，从而增强个体的心理适应能力。正念对于个体的身心健康具有非常重要的作用，练习正念不仅可以改善压力、睡眠、焦虑等问题，还可以提高专注力、记忆力、创造力。

一、正念的内涵

"正念"这个概念最初源于佛教禅修，是从坐禅、冥想、参悟等发展而来，是一种自我调节的方法。卡巴金将其定义为一种精神训练的方法。在这种精神训练中，强调的是有意识的觉察、将注意力集中于当下，以及对当下的一切观念都不做评判。

觉察是指觉察我们的情绪、思维、身体反应。首先，情绪对我们来说是信号的作用。情绪信号会提醒我们问题出现时，应立刻采取行动或逃离这个场景。如果我们在觉察中能理解这些情绪波动是怎样激发旧的思维模式的，就会对自己更宽容和理解，过好现在的生活。其次，对思维的觉察可以发现那些经过我们头脑的思维是怎样影响我们的。对于身体反应的觉察也是非常必要的。我们的身体是进化过程的产物，它帮助我们最早感知环境中的危险，并做出应对。身体和我们的无意识连接非常紧密。生活中，我们容易察觉到心情的变化，但常常无法觉察它对身体的影响。正念觉察会让我们在忙碌的状态中，找到那个间隙，停下来，看清自己的心，不会让自己盲目地被身边的事物牵着走，这种方法对于现实生活中出现的心理问题具有很好的疏通作用。

正念的实践强调不加干涉地感受当下的一切，包括思想、情绪、身体感受和环境，以此来增强个体对内心状态和外在世界的理解与接纳，促进心理健康和生活质量的提升。通过长期的正念练习，可以帮助我们更好地了解自己，明白并觉察产生情绪困扰的根源，帮助我们更有效地照顾自己的身心，学习包容自己及生活中的人和事，以更加从容的心态面对生活中的挑战。在医疗系统中，正念疗法被广泛应用于治疗和缓解焦虑、抑郁、强迫、冲动等情绪心理问题，在人格障碍、成瘾、饮食障碍、人际沟通、冲动控制等方面的治疗中也有大量应用。

二、正念的作用

（一）正念可以减轻压力

现代人普遍压力较大，研究生所面临的压力更加复杂，特别是临近毕业时期，工作、论文压力随之而来，正念减压疗法可以调节机体的认知功能，可以增强大脑前额皮层调节功能，能够让个体在面对复杂的环境时保持自身的稳态应变。多项研究显示，正念疗法可以有效减轻压力。《健康心理学》杂志上的研究表明，正念通过呼吸的调节、身体的放松，能降低人体的应激激素皮质醇的水平，从而起到缓解压力的作用。《心理神经内分泌学》杂志上的一项研究，将参与者分成两组：一组人连续三天参加 25 分钟的正念冥想训练；另一组人则被教授诗歌分析。在训练结束时，所有参与者都面临着在"严厉的评价者"面前完成语言和数学测试的压力，那些接受过正念训练的人所报告的压力感比诗歌组小。《精神病学研究》杂志上的一项研究显示，广泛性焦虑症患者参加正念减压课程并掌握了数种不同的压力应对策略后，相较于没有练过正念的人，他们的压力相关激素水平及炎症水平更低。

（二）正念可以缓解情绪反应

如果你在写论文的时候，经常出现一些较强烈的情绪反应，或者管不住自己的小脾气，不妨通过正念来进行控制。正念训练通过重复的注意力练习，增强前额叶皮层对其他脑区（如杏仁核）的抑制作用，从而降低情绪反应强度。经常正念的人在遇到外界强刺激时，大脑中识别情绪、控制情绪、调节情绪的区域活跃度高于从不正念的人。一方面，正念可以帮助我们减少情绪化反应，让我们更不容易受到情绪影响；另一方面，正念有助于改善人使用情绪调节策略的能力。临床研究发现，适用于慢性焦虑症患者的最佳锻炼方法是：专注于呼吸的瑜伽冥想练习能适度降低心率、呼吸频率和血压，舒缓过度紧张的神经系统，从而缓解焦虑、放松身心。美国犹他大学的一项研究发现，正念可以很好地放松大脑皮层，让我们进入一个完全安静的内心世界，有助于进入睡眠，提高睡眠质量。

（三）正念可以增强注意力

有时候我们在看文献时，觉得自己思维杂乱、容易分心，那么可以用正念来提高自己的专注力。正念可以帮助个体更快地从情绪反应中恢复，将注意力重新聚焦于当下任务。我们在正念练习中会不断地察觉自己的感受，这是一种集中注意力的方法，长期进行正念练习，会不断提升我们的注意力水平。一项研究比较了"正念者"和"非正念者"在视觉注意力处理任务上的表现，那些练习正念冥想的人在注意力、选择性注意力等测试中表现更好，即系统的正念冥想训练有助于注意力、意识和情绪的改善。《神经学报告》杂志刊登的一项研究发现，经常正念的人，其前额叶脑皮层比普通人厚，而这些区域的作用是控制人的注意力和感知能力，表明其注意力水平有所提高。

（四）正念提高元认知和记忆力

对于记忆力的提高和元认知的改善，正念也有一定的作用。元认知是指我们对自己认知过程的自我意识和自我调节，能够帮助我们更好地进行认知活动。美国加利福尼亚大学的研究人员发现，经常正念的大学生进行语言考试时，不仅在语言推理部分能获得更好的成绩，也表现出更好的记忆力。另一项研究发现，正念冥想能够增加工作记忆能力。在此研究中，对一组群体进行正念冥想训练，另一组群体没有进行正念冥想训练。八周训练后，参与正念冥想训练的群体工作记忆能力有所增加，特别是工作记忆容量有所提高。正念是一种有效的训练手段，可以改善并提高大脑的认知功能。记忆力与我们的学习生活密切相关。正念也是很好的"健脑操"，可以让大脑更强壮，经常正念能促进大脑中的信号连接，调动大脑中的神经元，提高记忆力。

（五）正念缓解身体的疼痛

疼痛是一种常见的感觉，是一个警告信号，正念训练对治疗患者主观疼痛有一定的作用。研究证明主观疼痛取决于很多因素，包括注意力、核心信念、期望、情绪等。正念训练最早在患有精神障碍的人群中进行测试，后期延伸到更多疾病的治疗，比如癌症、非肿瘤性疾病、偏头痛、风湿性关节炎等。那些长期深受慢性病疼痛困扰的人，可以尝试通过练习正念来降低对应脑区的活跃性，降低自己对疼痛的感知，提升对疼痛的接纳程度，同时调节感觉和情绪反应性疼痛的神经通路，更容易做到和疼痛共处，缓解因疼痛带来的负性情绪。进而有效缓解慢性疼痛患者的症状，以及由疼痛引起的其他问题。

三、如何使用正念

（一）正念呼吸

呼吸训练是正念练习中最重要的一部分，也是正念练习中最简单、最有效的方法，可以和其他正念练习一起使用，也可以单独使用。呼吸训练中，首先关注自己的坐姿，头、颈和上半身躯干在一条直线上，吸气时充分扩张，呼气时完全清空肺部，这样呼吸会变得更高效，而频率则会缓慢下来。除了坐在凳子上，也可以采用平躺的姿势练习放松呼吸。随着吸气腹部上升、呼气腹部下降，感觉到肚脐区域在轻微运动，轻松地觉察吸气和呼气。当然在呼吸训练的过程中，注意力的游移也是练习的一个部分，当我们留意到内心的游移时，留意下注意力去了哪里？想了什么？然后温和而坚定地再次觉察呼吸时的身体感觉。当我们轻松地觉察呼吸，练习会自动地帮助我们建立起身心的平和，我们随之会对思维和情感拥有更多的清醒和觉察。随着这份觉知，我们会拥有更大的空间、更多的选择机会，而不是被感受所淹没。当你开始规律练习时，只需简单关注呼吸，这些效果就会自然显现。

（二）正念身体扫描

正念身体扫描也是在正念练习中常用的方法，能够将我们的意识与身体重新整合为一个强大的整体，用以帮助重建身心的关系。在做正念身体扫描的时候可以坐在凳子上，也可以仰卧在床上。练习时，把注意力带到身体的不同部位，觉察每一个身体部位的感受，一般是从头到脚、从四肢到躯干的顺序进行扫描。在身体扫描中，我们对身体加以全面而细致的关注，会发现哪里舒服和不舒服。这些感觉中，有些是令人愉快的，大部分是令人不舒服的。平时我们注意力都在事物上，根本不会注意到它们。身体的感觉往往向我们发出健康状况信号，因为不能够及时感知到这些信号，往往导致健康问题特别严重时才被发现，造成严重后果。身体扫描的方法可以提高对身体的觉知和对身体健康的主动控制。通过身体扫描，可以保持对身体各个部位的觉知，熟悉身体的各种感觉，从而熟悉自己的身体。通过身体扫描，还有助于发现疼痛和酸胀等不适，通过心灵主动控制这样的感觉，从而控制身体。

（三）正念饮食

饮食对我们来说太熟悉了，但是很多时候我们在吃的过程中会对食物进行评价，或者在吃东西的时候会想着其他事。正念饮食则是指用正念去进食的状态，全身心投入整个进食过程，用心去体会对食物的渴望、身体的反应、进食时身体的感觉。对于减肥者、进食障碍者，正念饮食可以避免由于无法控制自己的进食速度而造成的情绪性饮食、暴饮暴食。正念饮食训练中比较有代表性且感受性较强的活动叫作正念进食葡萄干。如果没有葡萄干，也可以用其他干果或者坚果等食物代替。

【小练习】

正念进食葡萄干

开始准备时，我们应该将所有分心的事放在一边，专注于直接、清晰地觉察所体验到的每个方面和每个时刻。

第一步是持：把几个葡萄干放在你手中。想象自己刚从一个遥远的星球来到地球，那个星球上没有这种食物。现在，这种食物在你手里，你开始用你所有的感觉来探索它。你是否可以感受到它的重量。

第二步是看：选择其中一个葡萄干来观察，就好像你从来没有见过和它类似的东西一样。集中注意力看这个物体，仔细观察它，探索它的每一个部分，如同你以前从未见过它一样。用你的手转动它，并注意它是什么颜色。注意它的表面褶皱，再看看它的表面什么地方颜色较浅，什么地方颜色较暗。

第三步是触：接下来，探索它的质感，感觉一下它的柔软度、硬度、粗糙度和平滑度。当你这么做的时候，如果出现下列想法，例如"我为什么做这个奇怪的练习""这对我有何帮助"或者"我讨厌这些东西"，那就看看你是否能认同这些想法，然后随它们去吧，再把你的注意力带回到这个物体。

第四步是闻：把这个物体放在你的鼻子下面，仔细闻它的气味。

第五步是听：把这个物体放到耳边，挤压它，转动它，听一下是否有声音传出来。

第六步是放：开始慢慢地把这个物体放到你嘴里，注意一下手臂是如何把这个物体放到嘴边的，或者注意一下你是何时开始意识到你嘴里的口水的。把物体缓缓地放入嘴里，置于舌头上，不要咬它，只去仔细体会这个物体在你嘴里的感觉。

第七步是尝：当你准备好时，就有意地咬一下这个物体，注意它在你嘴里是怎样从一边跑到另一边的，同时也注意一下它散发的味道。慢慢地咀嚼这个物体，注意你嘴里的唾液，在你咀嚼这个物体的时候，它的黏稠度是如何变化的。当你准备吞咽的时候，有意识地注意吞咽这个动作，然后看一下你是否注意到吞咽葡萄干的感觉。去感觉它滑入你的喉咙，进入你的食道，再进入胃里。

在完成这次全神贯注的品尝之后，你有什么感受？有什么样的想法涌现出来？

你也可以把这种正念进食的方式带入日常的饮食过程中。

（四）正念行走

行走对于我们每个人来说，都是特别平常的一件事。但是在实际的生活中，我们经常在行走的过程中看着远方的风景，或者思考着自己的烦心事，很少有机会将身心集中在我们的步伐中。正念行走和普通行走不同的一点就是，当我们在行进的过程中，将我们的注意力、体验、此刻的觉知集中在我们行走这项活动中，它意味着单纯地行走，并知道你在行走，这也是将正念带入我们日常生活中最简便的办法。正念行走涉及聚焦于脚或腿的感觉，以及整个身体的运动。当我们进行正念行走时，会带着对步伐的整个循环的全然的觉知：提、移、放、转换重心。我们并不需要对自己说那些话，而只要对行走中的脚、腿和整个身体保持接触。正如同我们已经在探索的所有其他的正念练习一样，我们的心念会从脚或腿或身体作为一个整体在行走上飘移开。在那个瞬间，当我们觉察到了飘移，只需留意头脑里有什么，然后把它温和地带回到行走中。或者，索性完全停下来，让自己凝神，感觉身体站立着、呼吸着，然后再次开始行走，再一次觉察到想要开始的冲动。

当你在专注地做一件事时，就是练习正念。请不要将没时间练习作为借口，每天抽出 20 分钟时间进行正念练习，体会和自己待在一起的感觉。

（五）情绪困扰的正念干预（Mindfulness Intervention for Emotional Distress, MIED）

情绪困扰的正念干预（MIED）是北京大学心理与认知科学学院正念实验室刘兴华教授基于正念减压（Mindfulness Based Stress Reduction, MBSR）疗法和情绪障碍跨诊断治疗的统一方案（Unified Protocol for Transdiagnostic Treatment of Emotional Disorders, UP）发展而来的，干预对象是受到焦虑、抑郁情绪困扰的亚健康人群和确诊患者，目标为缓解他们的情绪困扰，以起到预防性或辅助性的干预作用。MIED 线下课程可同时容纳 50

人，线上课程每期最多可容纳 1000 余人。研究表明，这两种形式的 MIED 课程均显示出一定的干预效果。

1. 训练目的

（1）培育正念的态度并开始运用于自己的生活。

（2）获得更好的自我觉察、情绪管理能力和在困境中保持内在稳定的能力。

（3）对个人内在经验和身心互动有更清楚的体察和了解。

（4）更有技巧地面对生活中的变化和困难情境。

（5）提升整体身心健康水平和主观幸福感。

2. 适宜人群

（1）亚健康人群：提升身心健康水平，缓解焦虑、抑郁情绪，改善慢性疲劳、睡眠质量和生活品质。

（2）高压力人群：希望增强自我觉察能力、专注力和效率，提升情绪和压力管理能力，增强个人内在力量、韧性以及培养乐观平和的心态。

正念疗法的练习是一种教育性质的练习，不能替代心理咨询治疗或者药物治疗。如果您当前患有严重的心理、躯体疾病，或具有自杀风险，需在接受医学或者心理治疗的前提下，将此训练作为辅助，并在医生的指导下量力而行。

第三节　园艺疗法

现代社会繁忙的工作和快节奏的生活给人的压力越来越大，人们对身心健康的需求越来越大。在这个快节奏和科技驱动的世界中，我们常常忽视了大自然所拥有的治愈力量。在中国传统文化中，自然被视为生命的源泉和精神的寄托，人们追求在山水之间寻找心灵的归宿。道家、儒家以及佛家的思想传统中，强调人与自然的和谐相处、恬淡无为的生活态度以及清净淡泊的心境。

我们与自然世界的联系，对身体、情感和心理健康都有着深远的影响。园艺疗法，是一种利用园艺和植物相关活动来促进身体、精神和情感健康的治疗方式。它认识到人与自然之间的内在联系，并利用植物、花园和户外环境的治愈属性来促进个人成长与康复。

一、园艺疗法

园艺疗法（Horticultural Therapy），是一种与园艺活动相结合的新兴康养方法，是对于需要在身心方面进行改善的人们，利用园艺及相关活动从社会、教育、心理、身体方面进行调整的一种有效方法。园艺疗法可以改善人们的身心健康状态，调整人们的生活方式，具有很强的操作性与自然性。广义的园艺疗法适用于一般人群，作用媒介扩展到植物以外的诸如土壤、水体、岩石、天空等自然要素，包括或涉及花艺疗法、盆景疗法、家庭疗法、芳香疗法、花园疗法、田园疗法、森林康养、绿色疗法、荒野疗法、自然疗法、生态疗法等。

园艺疗法的起源最早可追溯到公元前 3000 年的古埃及时期。人们发现通过在户外散步、呼吸新鲜空气和接触绿色植物等方法可以改善不良情绪，也可以缓解身体上的疲劳。文艺复兴时期，人们发现通过与大自然近距离接触可以带来身心上的改善，认识到绿色园艺环境是对人们有益的。国外的相关学者从理论基础、治疗方法和临床康复研究中均证明园艺活动是一个有意义并且愉悦的过程，并将园艺疗法作为辅助治疗手段运用到精神和心理病患的康复中。园艺疗法不断发展和完善，直至 21 世纪初才在我国兴起。我国最早提出"园艺疗法"的专家是清华大学建筑学院景观学系李树华教授，他指出园艺疗法不仅有助于调剂现代人的精神生活，还有利于身体健康。有研究表明，对普通人而言，每天做半小时园艺堪比在健身房做半小时的运动，不但能燃烧卡路里，还能使人心情愉快。与此同时，适度做园艺和散步，可以将心脏病发作的风险减少一半，平均寿命增加7 年。英国皇家园艺学会调查过参与园艺活动的 2000 人中，80％的人认为园艺改善了他们的体质，60％的人认为做完园艺后身体好像充过电一样，另有 53％的人说，做过园艺后心情变好了。由此可见，置身园艺中，个体的身心状态都得到了显著提升。

园艺疗法主要来源于人与自然、植物之间的互动，无论是在家中种植花草，还是漫步于公园、森林之中，园艺疗法在人们的生活领域之中存在诸多益处，主要涵盖了以下六个方面：

（一）体能方面

在参加者播种、替植物换盆、浇水、修剪枝叶的过程中，不时做出举手、伸展、蹲下等动作，可以训练手脚大小肌肉，而且能够训练平衡力和手眼协调。漫步花园及一些简单园艺活动，能提供锻炼体能的机会，对一些平时疏于运动的参加者十分有用。园艺治疗活动能提供感官刺激，包括视觉、听觉、味觉、触觉、嗅觉，对阿尔茨海默病患者尤其有效。白天进行园艺活动、接受日光浴，晚上疲劳后上床休息，有利于养成良好的生活习惯，保持体内生物钟的正常运转，对失眠症患者有一定的疗效。

（二）认知方面

园艺活动要求参加者跟从栽种步骤，园艺治疗师会按参加者的能力，清楚地讲述各步骤，并按需要进行示范。另外，在栽种过程中，参加者亦需做出不同程度的决策，例如花盆的大小、植物颜色的搭配、浇水的量、摆放位置、施肥量等。栽种过程中时常遇到困难，如虫害、植物凋谢、如何修剪枝叶等，这需要参加者运用解决困难的能力。在栽种过程中，参加者不经意地专注于园艺活动，这有助于促进参加者的专注力。一些栽种过程如铁树开花等特别现象，能刺激参加者的回忆。

（三）情绪方面

美国园艺治疗协会一项调查结果显示，在4000多名被访者中，六成被访者认为园艺能提供平和与宁静的感觉。另外一项历时八年的调查指出，观望窗景外树木的病人情绪得以改善，抱怨减少，甚至止痛药用量也减少。在医院病房周围种植绿化植物，病人可在其中散步或凭窗眺望，有助于平复情绪。在可以看见花草树木的场所劳动，不仅可以减轻劳动强度，还可以使劳动者产生满足感，如果是园艺栽培活动的话、效果则更佳。

（四）社交方面

园艺能提供自然舒适、无威胁的环境。集体性的园艺疗法活动，可以让参加者互相沟通接触。他们除了分享栽花结果、种植心得，也会分享家庭、工作，甚至是心事。一些园艺活动也要求参加者互相分享和合作，例如参加者可以合作筑起瓜棚，一起除草修剪、分享用具、花卉盆及蔬果收成，产生共鸣，促进交流，提高社交能力。许多园艺活动包含创意元素，它能刺激参加者创意潜能的发挥。例如花卉及盆景摆设、花艺手工艺等，把具有自然美的植物材料按照自己的想象进行布置处理，使其成为艺术品。参加者各自发挥艺术创意，每件制成品都是独一无二、无可比较的，这能给予参加者满足感和成就感。

（五）精神方面

春天万物滋生、秋天落叶收成，园艺让参加者能欣赏和接触大自然的美丽和变化。认识花开花落皆有时，这能促进参加者对人生起落、生死等抱有积极的态度与看法。投身园艺活动中，能使病人特别是精神病患者忘却烦恼，产生疲劳感，加快入睡速度。

（六）性格方面

园艺活动可以培养参与者的责任感。采取责任到人的方法，参与者必须管理好自己的盆花、花坛等。因为花木为有生命之物，如果管理不当或疏忽，会导致枯萎。使参与者认识到哪些是自己不得不做的工作，从而增强责任感。同时还可以增强自信心，当个人的辛勤劳作得到他人的承认，自己在满足的同时还会增强自信心。这对失去生活自信的精神病患者的医治效果更佳。当然，为了不让患者失望，开始时应该选择易于管理、易于开花的花木种类。

二、园艺疗法常见的类型

园艺疗法的作用媒介为植物种植及相应的园艺活动，参与者通过参加植物的种植、养护和收获等园艺活动来获得治疗效益，包括提高动手能力、促进社交互动、提高认知能力和调节情绪等。其应用主要体现在园林景观和操作性活动上，对人体的心理状态和大脑皮质有良好的调节作用。

（一）芳香疗法

芳香疗法是指借由芳香植物所萃取的精油作为媒介，制成适当剂型，通过不同方式作用于人体，以养护皮肤、调理脏腑气机、调和脏腑阴阳、促进身心平衡、维持健康，具有自然疗护的效果。

（二）五感体验园

植物的颜色、形状、气味或味道会对人们产生强烈的视觉、嗅觉和触觉刺激，同时花园中的鸟语虫鸣、风吹雨打也会对观赏者产生强烈的听觉刺激，从而激发机体潜能，延缓器官衰老。五感体验园能充分调动人们的嗅觉、触觉、视觉、味觉、听觉五类神经，丰富参与者的感官体验，强化器官功能。

（三）植物保健绿地

植物保健绿地能为游人提供具有高质量空气的活动场地，在自然的香气中放松神经，省思自我与自然的关系，获得身心健康与和谐。

（四）色彩疗法

不同颜色、形态、具有观赏价值的花叶，可提供不同的视觉效果，给人带来启迪和向往。通过营造色彩丰富、主题突出的景观，色彩疗法能增强人的免疫功能，有悦目、舒心、健体之功效。

（五）水景疗法

在景观空间里，水景往往能够起到画龙点睛的效果，带来与植物不同的景观感受。水给人亲切感，不仅是联系人类与自然关系的纽带，还具有良好的医疗、保健作用。在水景中加入细微的驳岸变化、不同的水景层次以及丰富的水生植物，营造动静结合的景观，可以让人们浮躁的心宁静下来。

（六）园艺操作活动

可参与性是园艺疗法的一大特点，通过操作性的园艺活动，如堆肥、除草、种植、修剪、采摘、插花、组合盆栽等实践活动对参与者产生疗效，提高其身体机能和免疫力，缓解身心病痛，增加劳动带来的成就感、满足感和责任感，对于健康的恢复有着积极的意义。

三、园艺疗法在心理干预中的应用

（一）学校心理教育方面

目前国内关于园艺疗法对大学生心理健康的作用有一些研究。杨利利等（2019）在学校草药实践基地开展学生栽培、品尝果实活动，同时进行园艺知识讲座、案例分析、团体园艺心理辅导，发现该活动能帮助学生成长，感受生命力量，掌握生存技能，调节情绪，增强自信心，提高自我认同和社会能力。刘鸿娇（2018）将大学生分为实验组和对照组，开展园艺课程，如工艺美术、室外种植、小组活动、滴灌、防虫等。实验前后采用问卷调查，发现园艺课程能提高大学生的心理健康水平，其心理机制主要是加强大学生与世界的联系，掌握生存技能，增加积极情绪，通过升华生命价值来提高大学生的心理健康水平。赵仁林等（2019）研究发现牡丹观赏活动可以缓解大学生的紧张心理，放松身心，对男女生的生理和心理状态产生不同的影响。马晴等（2019）通过对大一新生进行实验观察，发现园艺疗法能够改善学生的人际交往能力，同时也能帮助学生认识自己，提升自己的专注力与自制力。齐洺好等（2019）研究了园艺疗法对大学生心理问题的治疗作用，结果发现，经过园艺疗法，81.7％的大学生解除了自卑、焦虑、抑郁等负面情绪困扰；79.5％的大学生情感障碍得到有效治疗，性格变得乐观、开朗；89.3％的大学生提高了自信心，自我管理能力显著增强；80％以上的大学生人际关系得到改善。

（二）精神疾病患者心理健康方面

心理干预方面的文献表明，园艺疗法可以减轻患者的痛苦，使其早日恢复健康。通过不同的方式接触自然因素，可以有效缓解人的身心压力，改善情绪状态。园艺疗法对于处于亚健康状态的人群的精神调理、活力恢复、心理障碍的克服等具有明显的作用。王新宇（2016）对 70 名有抑郁症状的大学生采用园艺疗法进行干预实验研究。结果表明，园艺疗法可以缓解抑郁症状；可降低抑郁青少年的行为抑制系统水平，提高行为激活系统水平和心理弹性。宋扬和李朝晖（2022）采用抑郁自评量表（SDS）选择 60 例轻中度抑郁症患者，让实验组 30 人接受常规园艺疗法，结果证明了园艺疗法对于缓解患者抑郁情绪的干预效果呈良性。吴玲（2018）对住院心理疾病及痴呆患者的焦虑情绪做了园艺疗法干预，选择昆明市社会福利医院临床心理科 1 年内收治的 135 例心理疾病及痴呆患者作为护理对象并结合不同的护理方式，结果发现观察组患者 SAS 量表评分明显下降，患者焦虑情绪得到改善，观察组明显优于对照组，差异有统计学意义。

在繁忙的现代社会中，人们渴望逃离喧嚣与浮躁，寻找一片心灵的净土。除除草，捏捏泥巴，播撒种子，驻留花香曲径之中，充分享受大自然给生活带来的乐趣，能够让人们忘记不愉快。以自然之道养自然之身，回归自然、感触自然、融入自然。

第四节　艺术治疗

一、艺术治疗

艺术作为一种特殊的文化形态和文化现象，来自人，由人类创造，影响着人的生活和生命状态。从古至今，人们尝试通过艺术来陶冶身心，进而有了"采菊东篱下，悠然见南山"的恬淡心境，有了"天生我材必有用"的自我激励。儒家文化背景下，艺术似乎天然地成为了中国人的心灵栖息地。艺术舒缓个体情绪，拓展个体心理空间。传统文化将这种功能叫作"感染、陶冶"，在科学研究和学科交叉层面，称之为"疗愈"。

艺术治疗（Art Therapy）是指通过绘画、雕塑、音乐、舞蹈、戏剧等艺术形式，帮助个体表达内心情感、解决心理问题、提升心理健康的一种治疗方法。美国艺术治疗协会将艺术治疗定义为"一种心理健康职业，它利用艺术创作过程、心理学理论和治疗联盟来改善一个人的身体、情感和精神健康"。从广义上讲，艺术治疗包括各种以开启创造性为目标的艺术形式，如音乐、舞蹈、戏剧、绘画、雕塑、制陶、诗歌等。从狭义上讲，艺术治疗则特指以绘画为主的视觉艺术形式充当介质的心理治疗过程。已有大量研究表明，艺术疗法对治愈心灵和促进人类健康起着至关重要的作用。通过各种艺术形式的表达和创作，可以使人们减轻心理压力、缓解焦虑和压抑、排除内心的负面情绪；可以帮助人们认知自我、探索自我，从而深刻了解自身的感受和需求，促进自我成长；可以帮助人们发掘内心深处的情感，减少不良情绪的积累，从而实现情感的疏导和平衡。艺术治疗既可以是个体的治疗，也可以是集体的治疗。集体艺术治疗旨在促进社会交流，个体艺术治疗则能够更深入地接触个人内心感受，更加专注于个体的内在探索。

二、艺术治疗的历史背景

艺术治疗的起源可以追溯到 20 世纪初期，当时心理分析学家开始注意到艺术创作在心理治疗中的潜在价值。20 世纪初，心理分析学家开始将艺术创作应用于临床治疗，弗洛伊德认为艺术创作是无意识欲望和冲突的表现，而荣格则强调艺术作为自我表达和个体化过程中的重要手段。20 世纪 40 年代，美国的玛格丽特·瑟普洛和英国的阿德里安·希尔被认为是使用艺术治疗的先驱。瑟普洛强调艺术创作作为"表达性治疗"的重要手段，奠定了现代艺术治疗的基础。希尔则在疗养院中发现艺术创作对患者心理康复的积极作用，推动了艺术治疗在医疗领域的应用。20 世纪后半叶，艺术治疗在欧美国家得到了快速发展。专业学术组织如美国艺术治疗协会和英国艺术治疗协会相继成立，推动了艺术治疗的学术研究、教育培训和临床实践。艺术治疗逐渐形成了自己的理论体系和实践方法，成为心理治疗和心理健康领域的重要分支。

三、艺术治疗的特点

通过艺术创作过程中的非语言交流，艺术治疗可以帮助个体表达情感、缓解压力、提升自我认知和促进心理康复，具有以下特点：

（1）非表达性特征。艺术治疗具有非语言的表达和沟通优势，不受年龄和教育水平的限制，更容易接近个体的潜意识。艺术治疗对治疗对象的认知能力要求较低，适用于沟通表达有困难的来访者。

（2）情感先行特征。情感驱动是艺术创作要达到的一个较高的目标。艺术治疗的作品创作致力于驱动特殊人群的特殊情感。

（3）独立评价特征。日常的艺术创作多注重艺术技能的使用和展示，评价标准相对客观公允。艺术治疗不讲究艺术技能，把艺术创作的过程作为媒介和工具，为宣泄、展示和平衡自身情感的需要服务。没有审美价值的衡量标准，不主张他人或者社会的评判，完全以创作者为中心，他人的回馈只是给予理解和支持。

（4）稳固的治疗关系。艺术创作中不存在协助性，来访者较能投入，降低防御心理，是促成治疗关系建立与稳固的有效方法。创作能够让困扰个体的内在议题以及潜意识的内容自然呈现，在创作过程中与作品有较强烈的联结感，使其更能够专注于治疗过程。

（5）增进互动及凝聚力。团体中的艺术治疗能使成员在陈述、分享作品时，旁观成员的情绪反应和每个人的生活经验，促使其他成员积极参与活动，并增进团队的互动性和凝聚力。

（6）长期的支持力量。艺术治疗与学校艺术教育或社会艺术活动相连接，为个人提供长期而稳定的心理支持。通过艺术创作，个人得以释放创造潜能、减轻压力，获得积极成长，使生命更加充实。

四、艺术治疗的应用领域

世界卫生组织在 2019 年发布了题为《艺术改善健康与福祉的证据是什么？一份广泛调查》的报告，肯定了艺术对人的身心健康有着全方位的疗愈作用，并且适用于全年龄段。艺术治疗的应用领域广泛，涵盖了医疗、教育、社会工作、心理健康等多个方面。不同领域的艺术治疗应用有其独特的特点和方法。

（一）医疗领域

在医疗领域，艺术治疗被广泛应用于精神病学、康复医学、老年医学等方面。艺术治疗可以帮助患者缓解焦虑、抑郁、创伤等心理问题，促进康复和心理健康。例如，在精神病学中，艺术治疗可以帮助精神分裂症患者通过艺术创作表达内心感受，减少幻觉和妄想的困扰。在康复医学中，艺术治疗可以帮助中风、脑损伤等患者通过艺术创作恢复认知功能和身体机能。

（二）教育领域

在教育领域，艺术治疗被应用于特殊教育、学校心理辅导等方面。艺术治疗可以帮助有学习障碍、行为问题、孤独症等特殊需求的儿童和青少年表达情感、发展社交技能、提升自尊心。例如，在特殊教育中，艺术治疗可以帮助孤独症儿童通过绘画、音乐等形式表达内心感受，增强与他人的沟通能力。在学校心理辅导中，艺术治疗可以帮助学生缓解考试压力、人际关系问题等，提升心理健康水平。

（三）社会工作领域

在社会工作领域，艺术治疗被应用于家庭暴力、贫困、流浪等社会问题的干预。艺术治疗可以帮助弱势群体表达内心的痛苦和需求，促进社会支持和社区融入。例如，在家庭暴力干预中，艺术治疗可以帮助受害者通过艺术创作表达创伤和愤怒，增强自我保护意识和能力。在流浪者援助中，艺术治疗可以帮助流浪者通过艺术创作重建自我价值感和社会关系。

（四）心理健康领域

在心理健康领域，艺术治疗被广泛应用于心理咨询、心理治疗、心理危机干预等方面。艺术治疗可以帮助个体表达和处理情感、解决心理冲突、提升心理弹性。例如，在心理咨询中，艺术治疗可以帮助来访者通过艺术创作探索内心深处的情感和冲突，促进自我理解和成长。在心理危机干预中，艺术治疗可以帮助遭受创伤事件的个体通过艺术创作表达和释放痛苦情感，促进心理恢复和重建。

五、常见的艺术治疗方式

（一）绘画治疗

绘画治疗是最常见的艺术治疗方法之一。绘画作为情感表达的工具，能够反映出人们内在的、潜意识层面的信息，是将潜意识的内容视觉化的过程。绘画治疗是治疗师以患者创作的绘画为中介，对患者的情绪障碍、创伤体验等心理问题进行分析和治疗。它是一个包括创作者、作品和治疗师三者之间互动的过程，目的是发展象征性的语言、触及人所不知的感受并创造性地将它们整合到人格里，直至发生治疗性的变化。

绘画治疗适用于各种年龄和背景的个体，特别适合语言表达能力有限的儿童和成人。绘画治疗适用于对谈话疗法有抵触、其他方法均无疗效的情绪障碍、创伤等心理疾病患者。治疗的重点在于挖掘患者被压抑的冲突和痛苦，重视挖掘他们在治疗过程中表现出来的强项。

绘画治疗最初主要局限于针对儿童和一些特殊精神病患者人群，20世纪初，精神病学、心理学和教育学领域的研究者对图画的艺术形象和象征意义产生兴趣，随后发展出绘画投射测验，该测验着重关注人的心理问题和与病理学相关的人格特征。此后，经过几十年的发展，绘画治疗扩展出多种形式，包括：涂鸦画、自由画、续笔画、画人测验、房树人测验、家庭动态图、学校动态图等。近年来还出现画自画像、画一位异性、画雨中之人、树木人格图、画"最近的问题和情感"或"此时此地的感受""画出自己的3个愿望"等。在这些新的形式中，咨询师不再完全按照投射测验中规定的特征来做看似客观的判断，而是加入了符合具体情况的、综合的分析与判断。绘画治疗能用于许多学校情境下的问题，包括学业困难、同伴关系、师生矛盾、职业规划等，也可以用于处理学生的家庭关系问题，如离婚、丧亲等。

绘画治疗不仅能帮助治疗师观察青少年的心理健康状况，还能缓解各种心理症状，有利于心理精神疾病的诊断与治疗，培养健康人格。研究发现，具有抑郁症状的青少年可以通过绘画测试探索出现情绪冲突的原因，在绘画治疗中展现内心体验、表达情感、获得满足，有效调整源于创伤经历的负性情绪。

（二）音乐治疗

音乐治疗是一门集音乐、医学和心理学为一体的综合性应用学科。音乐治疗是通过音乐反应对诸如生理缺陷、精神紊乱或情绪紊乱患者的生理和心理健康状况的评估，利用音乐刺激和音乐体验的各种形式，设计、策划和选择多方法治疗方案实现对患者的帮助和干预，包括治疗、调节、教育和训练等方式的综合性过程，是音乐跨越了传统的艺术审美领域，与人本精神和生命科学相融合的新发展。

音乐治疗具有悠久的历史。两千年前我国医学经典《黄帝内经》便提出了"五音对五脏"的医疗对应关系，即把声乐的五声音阶（宫、商、角、徵、羽）与人体的五脏（脾、肺、肝、心、肾）结合起来判断疾病的发生、发展，以及对疾病进行诊断和治疗。现代音乐治疗起源于美国，1940年美国卡萨斯大学正式将音乐治疗确定为学科，之后世界各国相继成立了音乐疗法组织。中国的音乐治疗起步较晚，1979年才将欧美音乐治疗学介绍到国内，拉开了我国音乐治疗学科建设的帷幕。1997年年底中央音乐学院创办了我国第一家独立的音乐治疗所。音乐心理疗法在国内外正逐渐形成一门完整的边缘学科，被越来越多的人所认识。

1. 音乐治疗的功能

缓解疲劳与镇痛止疼功能。音乐治疗利用音乐对神经系统的影响改善人体机能，能够有效缓解疲劳，改善睡眠。在平和舒适的背景音乐下采用音乐精神减压法，能够有效发挥松弛和催眠功效，舒缓精神压力，缓解人体疲劳，改善失眠状况。同时音乐也作为许多躯体疾病的治疗或辅助治疗手段，被广泛应用于手术后疼痛控制和产妇分娩过程中，聆听这些平和舒缓的音乐，可以消除紧张、减少恐惧、转移注意力，从而发挥一定的镇痛作用，减轻疼痛感觉。

稳定情绪与愉悦心灵功能。情绪是人们心理活动和情感世界的反映，是决定人们精神状态和心理健康的重要因素。音乐能够对情绪产生影响，如高音使人情绪高涨、中音使人舒畅温暖，低音使人平和安静。通过聆听法等心理治疗方法，使音乐通过特有的表现方式走进人的内心，让人从心灵深处产生联想和想象，把人带入想象的情境或场景，让场景影响心理状态，从而调适心理环境，释放内心压力，缓解不良情绪，抚慰心灵伤痕，摆脱心理困扰，恢复愉快心情，维护心理健康。

增强自信与健全人格功能。自我意识是个体对自身的看法和态度，生活中迷失自我容易产生自卑、困惑、失落、迷茫等负面情绪，导致心理疾病发生。通过不同形式的音乐治疗，可以调整情绪、增强自信、丰富情感和促进自我成长。美的音乐可以激起人们对美的体验，积极的音乐聆听能够唤醒人们内心深处的积极力量，以良好的心态面对所遭遇的挫折，增强积极的心理品质，缓解挫折所带来的负面精神影响，塑造健全的人格魅力。

调节机体与增进健康功能。人的心理情绪活动除与人体大脑皮层关系密切外，更与神经系统具有紧密的联系。音乐能够通过情绪和音调信号对神经系统产生调节作用，可以强化左右脑间的联系，提高心智功能，改善注意力，增强记忆力，启发想象力和丰富创造力。聆听音乐也有益于心肺功能。节奏不同的音乐，会对人的心跳节奏、血液循环和呼吸系统产生影响。轻松愉快的音乐会使呼吸道平滑肌松弛，心跳速度变慢，血压下降，心肺功能改善。

2. 音乐治疗的方式

接受式：这是一种通过聆听音乐来达到治疗目的的方法，该方法可以用于各类人群，包括集体治疗和个体治疗，常用于达到减压、放松、催眠等目的。

再创造式：强调被治疗者亲身参与到各种音乐活动中，没有音乐技能也完全不需要担心，治疗师会根据被治疗者的实际情况进行个性化定制。

即兴式：不要求有任何的音乐基础，即兴演奏式音乐治疗是被治疗者按自发的内心感受即兴演奏乐器，进行音乐投射分析。

【小贴士】

音乐治疗的曲目

治疗抑郁的音乐曲目

舒伯特《圣母颂》

格里格《婚礼之日》

威瓦尔蒂《四季》

贝多芬《第二浪漫曲》

克莱斯勒《维也纳随想曲》

李斯特《第二匈牙利狂想曲》

消除焦虑的音乐曲目

巴赫《四大钢琴协奏曲》

补充"心灵维生素"的音乐曲目

舒曼《莱茵》

萨拉萨蒂《吉卜赛之歌》

舒伯特《小夜曲》

李斯特《爱之梦》

亨德尔《菩提树》

帕格尼尼《康巴奈舞曲》

维瓦尔迪《海的岚》

普罗科菲耶夫《彼得与狼》

莫扎特《第四长笛四重奏》

（三）舞动治疗

舞动治疗，又称舞蹈治疗、动作治疗，是以动作的过程作为媒介的心理治疗，即运用舞蹈活动过程或即兴动作促进个体情绪、情感、身体、心灵、认知和人际等层面的整合，既可以治疗身心方面的障碍，也可以增强个人意识，改善人们的心智。舞动治疗融汇艺术与科学，它是身体、动作、舞蹈与心理学联姻的一门交叉学科。在舞动治疗中，人们聆听身体的声音，看见内在的真实，重获力量，从而疗愈创伤、修炼坚韧，从麻木中活出生气来，从荒芜中花开灿烂。它像是一座座桥，将我们与那些自然的、本能的、内在的部分连接起来，可以循着心的方向，活出自己的样子。

舞动疗法的心理学依据来自荣格的分析心理学、完形心理学及自我心理学的概念。舞蹈与动作治疗是以身体动作作为主要的沟通、表达媒介，基本技巧包括动作的同理与反应、非口语沟通和互动等，而这些都是治疗过程中观察与回应服务对象的动作、意象、情绪、语言或声音的依据。通过舞动这种运动形式，不仅可以矫正人们的适应不良性运动、姿势和呼吸，也可以将潜伏在内心深处的焦虑、愤怒、悲哀和抑郁等情绪安全地释放出来，使人们感受到自己对个人存在的控制能力。因此，舞动疗法可作为促进身心健康的一种重要手段。

（1）舞动治疗调理情绪。舞动可以充分释放人潜在内心深处的焦虑、愤怒、抑郁、悲哀等不良情绪，从而告别孤僻，减轻压力，缓解身体紧张、慢性疼痛和抑郁情绪，对心理创伤等心理障碍起到促化分解和消除作用。

（2）舞动治疗引导行为。舞动建立积极正向的身体记忆，引导人建立行为上的自发和自控能力，以及建立有益于健康生活的行为选择与方法。

（3）舞动治疗改善关系。舞动可以平衡心智，改善物我关系，助人建立自知、自信、自主能力，增强社会认知、界限感和沟通能力，与他人和社会建立积极有效的关系，从而改善个人体态，提升自我意识、注意力和交际能力。

（4）舞动治疗改善身体机能。舞蹈作为一种美的享受，可调节大脑皮质，调节神经功能，如调节中枢神经系统和自主神经的功能，使其紊乱的、失调的功能得以平衡，改善循环和呼吸系统的功能。

（5）舞动治疗提高心智精神。舞动治疗可以辅助个人心智精神潜力的发展和应用，提高生活质量。

（四）戏剧治疗

戏剧治疗整合了心理治疗、戏剧表演、社会学等多门学科知识，强调来访者在与治疗师建立信任关系的前提下，以戏剧表演为媒介，通过审视自身问题，促进自我的重新整合和个性的再次发展，以达到治愈心理问题的目的。

戏剧治疗综合运用了多种艺术媒介，如面具、木偶、音乐、舞蹈、多媒体等，所运用的情景、故事、角色不限于来访者的真实生活经历、情绪困扰或心理创伤，也可来自神话、寓言、诗歌、影视等文学艺术作品。在戏剧治疗中，治疗师首先带领来访者热身，增强彼此间的连接和信任，然后聚焦于特定问题，带领他们进入虚拟时空、情境和角色中，运用多种形式和素材开展戏剧性的投射和演出活动，处理某些心理问题。在戏剧治疗中，来访者需要进出多种情境和角色，穿越虚拟与现实，感知内心的需要，改善对自我、他人和社会的认知，探寻生命存在的价值与意义，并且增强情绪平衡、社会适应方面的能力，提升心理健康水平。

戏剧疗法在本质上是一种集体性治疗活动，隐喻和角色是戏剧疗法的重要组成部分，包括舞台、主角、导演（治疗师）、辅助角色、观众等。戏剧疗法的剧本、对象、手段技巧、呈现方式的不固定性要求戏剧治疗师在治疗关系中更像是一个导演、评估者、倾听者、促进者、分析者或是参与者，通过使用合适的戏剧帮助来访者转移到一个象征性的角色中，获得戏剧体验，并最大程度地对来访者的角色或其他投射性的方法进行表达和探索。通过角色扮演，戏剧治疗帮助参与者从另一个角度看待自己。参与者通过扮演不同的角色，能够深入理解自己的情感反应和行为模式。这种外部视角的体验有助于增强自我认知，帮助人们更好地了解自己，发现问题所在并解决它们。

现代人生活节奏快、压力大，负面情绪积累在心中，久而久之为日常生活带来了一定的困扰。戏剧治疗通过角色扮演让这些情感得到释放和疏导，进而帮助个体处理长期积累的心理创伤。在个案治疗中，治疗师会利用移情来鼓励来访者反思自己的表演，并利用其进入角色中的"虚拟世界"和脱离角色后的"现实世界"进行比较，当事人通过角色扮演或在团体中观看他人表演，重新思考生命、生活以及人生，让治疗效果以隐喻的治疗方式内化为积极的心理防御机制，以达到改善其身心状况的目的。

团体中的戏剧治疗通常是有共同治疗目标的团体对象，在表演中会呈现出各种人物个性，与此同时，来访者也会把自己的创造力、想法和观点带入小组中。当事人在治疗过程中主动参与、扮演和讨论，在治疗结束后主动反思、分享和总结感受，移情、互动与见证是其核心过程。此外，除了涉及和表演有直接关系的人，观众也可以通过分享体会的方式参与进来，体会到这个过程所带来的改变。

（五）游戏治疗

游戏治疗的本质是结合游戏的形式以达到治疗目标的一种心理治疗方式。游戏治疗起源于 20 世纪初，通常是指游戏治疗师与儿童之间的互动关系，利用具有想象和表达功能的各种素材（例如沙盘、隐喻和故事、桌游与卡牌等）进行心理治疗、心理辅导与心理教育的一种方法。当前，游戏治疗已发展出儿童中心游戏治疗、认知行为游戏治疗、格式塔游戏治疗、阿德勒游戏治疗、心理动力游戏治疗等不同流派，沙盘游戏疗法是目前常见的心理咨询技术之一。

沙盘治疗，也被称为沙盘游戏疗法或箱庭疗法，是一种在心理咨询师的陪伴下，来访者通过将自由挑选的玩具摆放在盛有细沙的特制容器（沙盘）中，创造出一些场景，以此进行自我表现和心理疗愈的心理治疗方法。这种方法源于英国伦敦的小儿科医生劳恩菲尔德在 1929 年创立的"游戏王国技术"，后经瑞士心理治疗师多拉·卡尔夫的发展和完善，结合荣格的分析心理学和中国的哲学文化思想，20 世纪 60 年代正式创立，20 世纪 90 年代传入中国。沙盘治疗不仅对存在心理问题或障碍的个体具有治疗、促进和改善作用，还对普通个体的心理发展、成长具有促进作用。在创立初期，沙盘治疗主要应用于儿童和青少年个体的心理治疗，而后逐渐应用于成人的心理治疗，并发展出家庭沙盘和团体沙盘等疗法。

沙盘治疗让来访者在沙盘里雕塑沙子、摆放玩具、创造沙盘作品，通过自由、创造性的游戏，潜意识过程就以三维形式在一个外现的世界里显现出来。沙盘治疗师用非言语、非指导性的形式，使用共情、感应与转化等技术，帮助来访者实现意识和潜意识之间的对话，激发个体的心理自愈，促进其灵性与自性化发展。

研究表明沙盘治疗能有效地治疗成人的各种心理疾病，如抑郁症、边缘型人格障碍、药物与酒精依赖、人格失调和自恋型人格障碍，以及各种身心疾病等。另外，一些心理学家还将该方法应用于非临床人群，如在心理咨询、夫妻咨询、家庭治疗、企业和团队的组织和管理中的应用，整合了格式塔、催眠、角色扮演等方法。还有一些治疗师在阿德勒自我心理学、家庭系统治疗理论的背景下使用沙盘，使之呈现出越来越多元化的趋势。

参考文献

［1］杨茜，汪霞. 改革开放 40 年我国专业学位研究生教育政策变迁与发展逻辑［J］. 高教探索，2021，（3）：60-65.

［2］国务院学位委员会教育部关于印发《专业学位研究生教育发展方案（2020—2025）》的通知［J］. 中华人民共和国教育部公报，2020（11）：29-34.

［3］俞国良，王学振. 我国研究生心理健康问题的基本状况与教育对策［J］. 中国高教研究，2024，（7）：80-87.

［4］马丁·塞利格曼. 真实的幸福［M］. 北京：北方联合出版传媒（集团）股份有限公司，2010.

［5］王应密，叶丽融. 我国研究生教育规模扩张的发展失衡与应对［J］. 黑龙江高教研究，2020，38（11）：77-83.

［6］柯小君，杨睿. 新时代背景下"95后"研究生心理健康问题及对策［J］. 高教论坛，2021，（10）：75-80.

［7］傅小兰，张侃，陈雪峰. 中国国民心理健康发展报告（2019—2020）［M］. 北京：社会科学文献出版社，2021.

［8］Woolston Chris and O'Meara Sarah. PhD Students in China Report Misery and Hope ［J］. *Nature*，2019，575（7784）：711-713.

［9］康宇，尹静. 研究生常见心理问题成因及对策［J］. 黑龙江教育（高教研究与评估），2011（12）：95-96.

［10］戴赟. 高校心理危机干预工作的现状及相关文件解读［J］. 心理学通讯，2022，5（2）：97-105.

［11］张永然，许晶晶. 研究生心理危机预防与干预中导师的应对策略［J］. 成都师范学院学报，2022，38（12）：12-17.

［12］全国高校心理咨询中心规范性文件起草工作小组. 全国高校心理咨询中心规范性文件［J］. 心理学通讯，2002，5（2）：126-137.

［13］苗玥明，肖磊. 硕士生"导师选择模式"探析［J］. 天津市教科院学报，2019，174

（4）：42-47.

[14] 张雪莉. 考研复试准备之导师选择 [J]. 中国研究生，2020，186（3）：68-69.

[15] 王艳霞. 研究生新生入学适应状况研究 [J]. 中国电力教育，2007，94（3）：28-30.

[16] 王应密、叶丽融. 我国研究生教育规模扩张的发展失衡与应对 [J]. 黑龙江高教研究，2020，38（11）：77-83.

[17] 李发新、赵军. 广东高校硕士研究生不同群体间体育活动量与睡眠质量的差异研究 [J]. 当代体育科技，2021，11（32）：21-28.

[18] 尉力文、何秋惠、王苗苗，等. 研究生工作时间压力与心理健康的关系：睡眠质量的中介效应和心理灵活性的调节效应 [J]. 中国健康心理学杂志，2022，30（9）：1375-1380.

[19] 范皑皑、季楚煊、柴亦林. 时间累积与时间分配：学术型硕士的时间投入对科研产出的影响研究 [J]. 江苏高教，2020（7）：39-48.

[20] Woolston C. Stress and Uncertainty Drag down Graduate Students' Satisfaction [J]. *Nature*，2022：610.

[21] 董泽芳、何青、张惠. 我国研究生创新能力的调查与分析 [J]. 学位与研究生教育，2013，（2）：1-5.

[22] 张宝生、李鑫、张庆普. 家长式导师风格对研究生科研创造力的影响机制研究——学术激情与科研自我效能感的作用 [J]. 技术经济，2021，40（6）：177-188.

[23] 何晓聪、杜燕华. 研究生创新动机结构实证研究——以广州地区高校为例 [J]. 高教探索，2013（4）：108-112.

[24] 程媛. 研究生拖延症现状调查及应对策略分析——以长春市某师范学院为例 [J]. 现代交际，2020，533（15）：130-131.

[25] 金马妮、邱燕楠、阮纽. 平衡的艺术："博士妈妈"的学术障碍与突破路径 [J]. 研究生教育研究，2023（1）：45-53.

[26] 张雪珠、刘万强. 问题导向式研究生学术论文写作框架的构建 [J]. 当代教育理论与实践，2022，14（3）：111-117.

[27] 夏祥伟、黄金玲、刘单. 高校研究生体育锻炼行为的实证研究 [J]. 华东师范大学学报（教育科学版），2018，36（5）：114-128＋169-170.

[28] 马克·威廉姆斯，约翰·蒂斯代尔. 改善情绪的正念疗法 [M]. 北京：中国人民大学出版社，2009.

[29] 鲍勃·斯塔尔，以利沙·戈德斯坦. 正念生活，减压之道：正念减压工作手册 [M].

祝卓宏，张妍，等译. 南京：江苏美术出版社，2013.

［30］乔恩·卡巴金. 多舛的生命之旅［M］. 第 2 版. 北京：机械工业出版社，2018.

［31］陈语，赵鑫，黄俊红，等. 正念冥想对情绪的调节作用：理论与神经机制［J］. 心理科学进展，2011，19（10）：1502-1510.

［32］徐慰，王玉正，刘兴华. 8 周正念训练对负性情绪的改善效果［J］. 中国心理卫生杂志，2015，29（7）：497-502.

［33］李田田，刘斯漫，常碧如，等. 正念禅修对焦虑抑郁情绪调节的研究现状［J］. 医学与哲学（B），2015，36（3）：80-82＋88.

［34］刘兴华. 情绪困扰的正念干预［M］. 北京：北京大学出版社，2024.

［35］张舒，韩依纹. 园艺康复疗法对精神类疾病患者的应用研究进展［J］. 中国城市林业，2021，19（1）：117-122.

［36］李艳梅. 园艺疗法：在植物中探寻疗愈身心的方式［J］. 中国花卉园艺，2018，（7）：15-17.

［37］王崑，张莹莹，张晓飞，等. 园艺疗法对养老机构高龄老年人血压及幸福感的影响［J］. 护理研究，2020，34（6）：1109-1111.

［38］马晴，张培，张丽芳，等. 园艺疗法在大学生心理健康教育中的创新应用［J］. 现代园艺，2019（1）：191-192＋145.

［39］齐浛妤，张培，张丽芳，等. 园艺疗法对大学生心理问题的干预研究［J］. 现代园艺，2019（3）：164-165.